Non ho l'età

Intro

La tensione è altissima. Nonostante *X Factor* abbia ormai raggiunto la terza edizione, la prima puntata della stagione continua a fare paura, come il ritorno a scuola dopo le vacanze estive, come un salto nel vuoto senza paracadute. Per quanto mi riguarda, l'agitazione è passata e ha lasciato il posto al «Facciamola finita e cominciamo!», più consono al mio carattere.

Per il secondo anno consecutivo mi sono stati affidati i gruppi, e sono molto soddisfatta della mia squadra di artisti: quattro formazioni diversissime, dal pop più classico di A&K al rockabilly degli Horrible Porno Stuntmen, dalle atmosfere nordiche delle Yavanna alla sonorità irresistibile dei Luana Biz. I cantanti si aggirano dietro le quinte, provando abiti e scambiandosi battute nervose, gettando sguardi curiosi ai ragazzi delle altre categorie. La competizione deve ancora prendere ufficialmente il via, ma sono già pronti a salire sul palco per dare il meglio. Per tutti loro sta per cominciare un'avventura appassionante, un'esperienza che – a prescindere da quelli che saranno i risultati finali – sicuramente ricorderanno come qualcosa di eccezionale.

Certo, quando io avevo la loro età non c'era nulla di simile a *X Factor*. Tuttavia, non si può certo dire che la mia vita non sia stata divertente e costellata di imprevisti. Una vita fitta di incontri con persone ricche di qualità, con uomini e donne che hanno fatto la storia della musica leggera italiana. Perché alla fine, diciamolo, io non ho mica scoperto nessuno: ho solo incontrato dei talenti. E la storia della mia vita è la storia di questi incontri.

1.
Bologna

Bologna, per come la ricordo io, è la stessa di cui parla Guccini nella sua canzone: «una vecchia signora dai fianchi un po' molli, col seno sul piano padano ed il culo sui colli» – no, non sto parlando di me, parlo di Bologna. Anche perché quando ci abitavo mica ero la vecchia signora che sono ora: ero una ragazzina, sveglia e un po' turbolenta. Fin dalla mia nascita, nel 1941, nel pieno della Seconda guerra mondiale: momento meno opportuno non avrei potuto scegliere, considerando il bel casino che si viveva in Italia all'epoca. Tanto più che il peggio doveva ancora arrivare, con i bombardamenti alleati sulla città nel 1943 e le sofferenze della lotta partigiana. E poi, non è che i miei genitori fossero lì tutti concentrati nel tentativo di avere un figlio. Ma evidentemente non erano nemmeno così attenti a *evitare* l'arrivo di un pargolo. Quando nacqui io in famiglia c'era già una bambina, mia sorella maggiore, e alla loro età papà e mamma non pensavano più di riprodursi: avevano rispettivamente quarantasei e trentotto anni. Lei, come la maggior parte delle donne dell'epoca, faceva la casalinga; papà, originario di Lucca, aveva un buon lavoro che gli permetteva di mantenere se stesso e le quattro donne di famiglia, moglie, figlie e suocera. Era un uomo perennemente in movimento, che prendeva la vita di petto e non amava stare con le mani in mano: al punto che quando morì, a ottantuno anni, ancora lavorava. Metteva anima e corpo in tutto quello a cui si dedicava, e lo stesso pretendeva da noi figlie.

Questo atteggiamento di certo non gli facilitò la vita negli anni in cui io portavo avanti la mia carriera scolastica. Sì, perché la scuola non mi piaceva, non mi interessava minimamente, e di conseguenza i risultati erano tutt'altro che brillanti. Ma non intendo scaricare la colpa sugli insegnanti o sul fato avverso. Certo, nessuno era in grado di stimolare in me curiosità o interesse, però va anche detto che gran parte degli altri ragazzini seduti ai banchi questa curiosità e questo interesse da qualche parte li trovavano. E allora evidentemente ero io che non riuscivo a entrare nello spirito giusto per apprezzare la scuola.

Insomma, gli anni di studio furono una faticaccia. Ma non per me, per gli altri. Io non facevo assolutamente nulla, quindi fatica zero. Erano quelli che mi stavano intorno a impazzire per cercare di salvare il salvabile, cacciandomi nella zucca refrattaria qualche misera nozione. E dire che in famiglia non mancavano cugini geniali che venivano ammessi alla Normale di Pisa per poi andarsene a insegnare filologia romanza a Parigi, alla Sorbona, con la stessa facilità e soddisfazione che io potevo trovare nell'andare al bar a bermi un caffè. Beati loro!

Fu così che giunsi alla fine dell'ennesimo anno scolastico tribolato. Una mattina del 1959, dopo l'intervallo di metà mattina, il professore di matematica fece il suo ingresso in aula con qualche decina di fogli protocollo a quadretti sottobraccio. Non ci voleva un genio per capire che si trattava dei compiti in classe della settimana prima, corretti e valutati. Il professore seguiva sempre lo stesso ordine nel consegnare i lavori, partendo da quelli che avevano ottenuto i voti più alti per poi scendere inesorabile verso gli abissi delle insufficienze gravi. Mi misi comoda ad aspettare, visto che di solito le mie prove si attestavano nelle ultime posizioni, insieme a quelle di un gruppetto di irriducibili abbonati ai voti bassi come me. Quando venne il momento il professore mi chiamò alla cattedra e pronunciò una frase che mai dimenticherò: «Maionchi, se è vero che con il passare delle generazioni le famiglie migliorano, non vorrei mai conoscere i suoi genitori!». Lasciò cadere sul piano di legno il mio foglio protocollo: rispetto a quello che ricordavo di aver consegnato solo sette giorni prima appariva stravolto e sfigurato da un mare di segni rossi. L'insufficienza c'era. Pure grave. Alzando lo sguardo verso il volto dell'insegnante rimasi colpita dalla sua espressione. Negli occhi di quel poveruomo si leggeva uno sconforto estremo, la disfatta di chi le aveva provate tutte per poi giungere alla conclusione che cercare di ottenere da me risultati meno che disastrosi era impresa disperata quanto lo spremere il famigerato sangue dalle rape. A smuovere la mia coscienza, quindi, fu lo scoramento del professore, ben più che il baratro che l'ennesima insufficienza mi spalancava sotto i piedi.

Bastò un attimo per confessarmi quella verità che avevo già letto chiara e netta negli occhi dell'insegnante: la scuola non faceva per me. O forse, a voler essere precisi, ero io a non essere adatta alla scuola. Insomma, comunque stessero le cose, era certo che lo studio e la sottoscritta appartenevano a due universi paralleli, di quelli che non si incontrano mai. Ormai non ero più una bambina, avevo diciotto anni e, giunta a questa età, era meglio lasciare perdere piuttosto che insistere senza costrutto.

Presi il coraggio a due mani e discussi della questione con i miei genitori, standi ben attenta a sottolineare che con quella decisione facevo un favore immenso, più che a me stessa, ai professori: poveracci, grazie a me si erano già guadagnati troppi capelli bianchi. Mio padre forse se l'aspettava: sta di fatto che non visse la decisione di abbandonare la scuola come una tragedia. Anzi, anche se non lo ammise mai apertamente, sospetto che tirò un sospiro di sollievo all'idea di risparmiare il denaro e la fatica necessari a spingermi a calci verso il traguardo di una laurea qualunque. Tutto ciò che disse in risposta al discorso in cui annunciavo di voler mettere la parola fine alla mia esperienza di studentessa fu: «Io a casa a far niente non ti ci tengo. Nell'Ottocento le signorine di buona famiglia come te se ne stavano tranquille a ricamare in salotto in attesa di trovare marito. Ma l'Ottocento ce lo siamo lasciato alle spalle e quindi, se non vuoi studiare, vedi di trovarti un'occupazione».

Mai frase suonò più dolce alle mie orecchie. Mi avventai sulla pagina degli annunci del «Resto del Carlino» passando in rassegna le offerte di lavoro. La voglia di darmi da fare non mi mancava: anzi, non vedevo l'ora di mettermi alla prova su qualcosa di pratico, che mi consentisse di ottenere dei risultati concreti, di guadagnare qualche soldo e di liberarmi almeno in parte dalla dipendenza economica dai genitori.

Per fortuna i tempi erano propizi, e il mio spirito di iniziativa si sposava perfettamente con un contesto sociale ed economico molto favorevole. A quindici anni dalla fine della Seconda guerra mondiale l'Italia era fantastica, un Paese in pieno fermento: il boom economico era sul punto di manifestarsi in tutta la sua potenza e chiunque fosse disposto a rimboccarsi le maniche trovava facilmente un'occupazione, anche buona ed eccitante.

Non che mi fossi posta il problema di cercare un lavoro che mi piacesse. In primo luogo non mi era ancora chiarissimo quale fosse – se mai c'era – la mia vocazione professionale. E poi era troppo l'entusiasmo all'idea di abbandonare le costrizioni scolastiche (grembiule compreso): ad attendermi là fuori c'era il mondo degli adulti, ricco di opportunità da cogliere e di sogni da realizzare. Mi ci buttai a capofitto.

2.

Al lavoro!

Alla fine non ricordo se il primo impiego lo trovai davvero spulciando le pagine degli annunci sul quotidiano della mia città. Perché, parallelamente a quello, altri canali erano stati attivati, primo fra tutti la rete di conoscenze di mio padre: grazie al suo lavoro, infatti, lui era in contatto con numerosi professionisti e imprenditori della zona. Ma non si pensi che l'intervento paterno fosse fonte di chissà quale vantaggio. Mi capitò di sentire alcune delle telefonate con cui sondava il terreno in cerca di una sistemazione per me utilizzando frasi tipo «a scuola è sempre stata una lazzarona», «magari con il lavoro riusciamo a raddrizzarle un po' la schiena». Bell'aiuto!

In ogni caso, poco tempo dopo aver abbandonato la scuola, iniziai a lavorare per la SAIMA, una società che aveva sede in via delle Lame, a due passi dal centro, e che si occupava di spedizioni internazionali. Era la prima occasione che mi si presentava e la colsi al volo, senza indugiare né pormi troppe domande.

Il direttore era un signore sui cinquant'anni, calmo, pacato. Di quelli che in anni di esperienza si sono costruiti un aplomb imperturbabile: conosceva l'azienda e il lavoro così bene che per lui non esisteva nessun imprevisto. La sua flemma, unita a un carattere bonario e disponibile, gli faceva andare a genio anche un tipo esuberante e caciarone come me. Forse ciò che, dopo un rapido colloquio («Cosa sai fare?» mi chiese. «Niente. Ma ho voglia di lavorare» risposi), l'aveva spinto a offrirmi un posto come apprendista era l'intenzione di vivacizzare un po' il clima dell'azienda senza compromettere il rendimento della truppa: risultato che avrebbe potuto ottenere arruolando un simpatico e tutto sommato innocuo elemento perturbatore.

Ricordo che, facendo il mio ingresso negli uffici, mi stupii del silenzio concentrato che regnava tra le scrivanie. Non una parola, se non qualche breve comunicazione telefonica, interrompeva il ticchettare fitto delle macchine da scrivere. Ma ci voleva ben altro per spaventarmi: «Buongiorno a tutte!» esclamai rivolta alle nuove colleghe, mentre il direttore indicava la scrivania libera che da quel momento sarebbe diventata la mia postazione. Le ragazze mi lanciarono uno sguardo distratto e biascicarono un «'giorno» sommesso e frettoloso, per poi tornare immediatamente a battere sui tasti.

Per nulla intimorita da quell'accoglienza tiepida, feci da subito risuonare alta e squillante la mia voce nella stanza che condividevamo:

interrompevo il lavoro delle altre in cerca di chiarimenti o spiegazioni, commentavo ad alta voce le telefonate appena concluse, lanciavo battute a volte – devo ammettere – poco rispettose sui personaggi con cui avevamo a che fare. L'impiegata anziana a cui il direttore aveva dato incarico di istruirmi cercò di arginare le chiacchiere mettendo su l'espressione più arcigna che poteva, ricordandomi che avrei dovuto chiedere il permesso anche per andare in bagno e cercando di risvegliare un inesistente spirito di disciplina e di obbedienza.

In capo a una settimana l'avevo avuta vinta io: qualche collega più adulta ancora mi guardava un po' infastidita, ma con le ragazze mie coetanee avevo legato e insieme eravamo riuscite a instaurare un clima piacevole, allegro. Lavorare si lavorava, per carità, ma almeno ogni tanto ci scappava qualche bella risata e per un attimo copriva il suono delle dita che picchiavano sui tasti.

Intendiamoci: essere ingaggiata nel ruolo di ultima ruota del carro in una società di spedizioni nella grassa e sonnolenta Emilia di fine anni Cinquanta non mi poneva esattamente al centro di un turbine di stimoli ed emozioni. I miei doveri si esaurivano, in sostanza, nel compilare una serie infinita di bollettini nei quali dovevo specificare il numero dei colli trasportati, il contenuto degli stessi, i porti intermedi dell'itinerario, la destinazione finale. Due maroni!

In più, come d'abitudine, spettavano a me,

che ero la più giovane, tutte le incombenze da galoppino cui il resto del mondo si sottraeva non appena trovava un individuo di grado inferiore nella complessa catena alimentare della struttura aziendale. Fare un salto al bar sotto l'ufficio a prendere il caffè per il capo; correre a comunicare un ritiro merci dell'ultimo minuto agli uomini che stavano per mettersi al volante di camion e furgoni prima di partire per il loro giro; andare dal cartolaio per recuperare una scatola di graffette o di elastici.

Tutti questi piccoli incarichi, che per la maggior parte delle persone non erano altro che scocciature, a me non dispiacevano affatto. In primo luogo costituivano una gradevole distrazione all'interno di una routine che – tempo poche settimane – si era rivelata piuttosto noiosa. Non ci vuole una laurea per imparare come si compila un bollettino: i campi da riempire sono sempre quelli, la procedura da seguire pure. E l'esperienza di insegnamenti ne poteva fornire fino a un certo punto, dopodiché ci si cominciava ad annoiare.

Uscire di tanto in tanto per qualche commissione mi permetteva di respirare l'atmosfera della città che viveva di mattina, tra negozi aperti, massaie cariche di buste della spesa ed eleganti tardone il cui unico impegno consisteva nel tirare l'ora di pranzo sedute ai tavolini di un bar, sorseggiando un cappuccino e sfogliando riviste di moda. Mettendo ogni giorno il naso nell'ufficio del direttore con la scusa di portargli il caffè, poi, potevo ascoltare conversazioni e vedere persone che normalmente sarebbero state fuori dalla portata dei miei occhi e delle mie orecchie. Mattina dopo mattina, caffè dopo caffè, accumulavo tasselli di discorsi che, memorizzati e messi l'uno accanto all'altro, facevano sì che avessi dell'azienda, dei suoi problemi e dei risultati da raggiungere un'idea spesso più ampia e completa di quella che avevano persone che pure lavoravano lì dentro da una vita.

Lo stesso vantaggio mi veniva dai frequenti contatti con gli uomini del servizio trasporti. Le ragazze dell'ufficio tendevano infatti a starsene per i fatti loro: con il tipico snobismo di chi pensa che lavorare alla macchina da scrivere sia compito più nobile rispetto a quello di chi svolge un lavoro manuale, difficilmente rivolgevano la parola ai ragazzi dei furgoni. Certo, è vero che all'epoca bastava niente per perdere la patente di «ragazza per bene»; ed è vero anche che in molti casi l'etichetta era più importante della sostanza. Per cui c'era chi fingeva una riservatezza che in particolari circostanze, complice qualche sottoscala poco illuminato, scomparivano miracolosamente. Ma non è questo che ci interessa qui. Insomma, a me di quello che diceva la gente non importava un fico secco (o quasi: diciamo che l'essenziale era evitare di far nascere strane voci che avrebbero spinto i miei genitori a mettermi agli «arresti domiciliari»). E poi ero abbastanza maschiaccio da non dare adito a voci o dicerie su eventuali amorazzi, e abbastanza anche da divertirmi a chiacchierare con i ragazzi che guidavano i furgoni della SAIMA. Mi piacevano le loro battute, a volte non esattamente eleganti ma sempre divertentissime; mi piaceva, ogni tanto, pranzare a pane e mortadella seduti con le gambe a penzoloni sul retro di un furgone vuoto, mentre qualcuno raccontava improbabili disavventure al volante o incontri esilaranti con personaggi di dubbia salute mentale. Credo che un po' del senso dell'umorismo di quegli uomini, capaci di tirare fuori una risata anche dalle situazioni più difficili, mi sia rimasto attaccato. E ne sono orgogliosa. Ci sono alcune mie ex colleghe, poi, che ancora oggi mi sono grate perché con il mio prezioso lavoro di testa di ponte, ambasciatrice e portavoce, contribuii a far nascere più di una storia d'amore fra le ragazze finto-spocchiose dell'ufficio e i rudi uomini dei trasporti.

Ma, al di là dell'aspetto ludico, le informazioni che riuscivo a raccogliere durante le mie commissioni in veste di galoppino mi consentivano di mettermi nei panni altrui, di capire quali cambiamenti avrebbero agevolato il lavoro dei vari settori dell'azienda. E mi rendevo conto che, spesso, bastava una piccola modifica alle procedure in uso per migliorare di molto il rendimento generale. Fu in questo modo che scoprii cosa avesse il lavoro di sostanzialmente diverso dalla scuola, in cosa consistesse quel fascino irresistibile che avevo sempre avvertito pur senza rendermene davvero conto. Non si trattava tanto di avere a disposizione del denaro solo mio, grazie al quale concedermi qualche piccolo lusso. Certo, potersi permettere qualche uscita al ristorante o una gita al mare con gli amici era senza dubbio piacevole. Ma ad attrarmi più di ogni altra cosa era il fatto che, comunque, anche nel contesto grigio e monotono con cui si confrontava l'impiegata di una ditta di spedizioni, uno spazio aperto alla creatività e al cambiamento lo si poteva trovare. Mi piaceva l'idea di poter migliorare la situazione di partenza, e mi accorgevo che, quando le proposte erano sensate e realistiche, si trovava sempre un orecchio disposto ad ascoltare anche la voce di chi come me era solo all'inizio. Ero ansiosa di dare il mio contributo, a partire dalle piccole cose: cambiare l'impostazione di una lettera commerciale o riorganizzare l'archivio erano interventi minimi, ma mi davano la sensazione di compiere un piccolo passo in avanti.

Intraprendenza e passione per il cambiamento: scoprii che erano questi i tratti del mio carattere che più amavo, forse anche perché di spazio per iniziative personali, in una scuola in cui disciplina e obbedienza erano le doti più apprezzate, non ce n'era stato per niente.

Da quel momento, comunque, a prescindere dalla posizione occupata e dall'azienda in cui mi sono trovata, non ho mai smesso di far lavorare il cervello alla ricerca di soluzioni originali e di nuove strade da percorrere. E ora che ho cinquant'anni di lavoro alle spalle sento di poter affermare che qualunque mansione, per quanto modesta, può essere appagante se affrontata con spirito d'iniziativa e creatività.

3.
La gatta

Oltre alle commissioni e alle chiacchiere con i camionisti, un diversivo alla potenziale monotonia del lavoro mi veniva dalle serate in compagnia degli amici. Consacravo (o sperperavo – dipende dai punti di vista) buona parte dello stipendio per quelle che mia madre, abituata a una gestione rigorosa del bilancio familiare, definiva «spese inutili».

Decisamente meno cospicue erano invece le cifre che spendevo in dischi. Immagino che una notizia del genere possa suonare un po' strana all'orecchio di chi mi conosce per il lavoro che faccio o per il mio ruolo di starlette attempata di *X Factor*. Ma è così. Dischi ne compravo davvero pochi. Ma questo non significa che non amassi la musica, o che non l'ascoltassi.

Quando ero ragazza passavo interi pomeriggi con l'orecchio attaccato alla radio. All'epoca era inimmaginabile il proliferare delle emittenti commerciali che oggi affollano le frequenze: il convento passava giusto le reti Rai e quelle dovevano bastare. Ma se provo a fare un confronto fra la radio di allora e quella di oggi non ho dubbi: tra la fine degli anni Cinquanta e l'inizio dei Sessanta i programmi erano decisamente più innovativi, se non altro perché i conduttori sceglievano in prima persona i brani trasmessi e, così facendo, potevano determinare il successo di un disco e di un artista. Una delle mie trasmissioni preferite di quegli anni era *Il Discobolo*, ideato da Vittorio Zivelli, che selezionava le novità in uscita e presentava al pubblico i pezzi secondo lui più interessanti e ricchi di potenziale. C'era una brevissima striscia quotidiana, che durava lo spazio di un solo brano, e poi la versione lunga, «speciale», la domenica pomeriggio. Ricordo ancora l'ora dell'appuntamento domenicale: l'una e mezza. Come dimenticare le lamentele di mia madre che mi vedeva trangugiare in fretta e furia il pranzo della festa per poi correre ad accendere la radio? Che tempi!

Il conduttore rimaneva in religioso silenzio per l'intera durata del pezzo, e non si azzardava a sovrapporre la sua voce alla canzone. Solo quando si era estinta l'ultima eco dell'ultima nota si lanciava in una serie di analisi, a volte anche molto tecniche, che spiegavano pregi e difetti della brano. Grazie al *Discobolo* e ad altri programmi radiofonici l'Italia del Dopoguerra scopriva che, mentre qui si era rimasti fermi alla scuola del bel canto di origine operistica, oltreoceano la canzone popolare aveva fatto passi da gigante. Basti pensare che, più o meno negli stessi anni in cui noi canticchiavamo *Vola colomba* pensando fosse il non plus ultra della modernità, gli americani impazzivano per i primi successi di Elvis. Non so, ditemi voi se vi pare lo stesso.

Era un bel cambiamento, e anche un azzardo da parte dei conduttori: infilare una roba assurda come il rock indiavolato di Elvis in mezzo alle signorine per bene e ai ragazzi impettiti della canzone italiana non era mica cosa da niente, si rischiava di essere presi per matti. Eppure lo si faceva. Per questo mi incazzo come una bestia quando, oggi, mi trovo a combattere con programmatori fin troppo cauti che, per andare sul sicuro, mandano solo vecchie canzoni. Sia chiaro, nessuno vuole rinnegare la storia della musica italiana – ci mancherebbe altro: se siamo quello che siamo, musicalmente parlando, è grazie a ciò che abbiamo ascoltato nei decenni che ci stanno alle spalle. Ma mi pare assurdo che il ritorno al passato funga da alibi alle emittenti per camuffare l'assenza del benché minimo coraggio artistico. Ci ho riflettuto a lungo, anche perché questo atteggiamento mi obbliga ogni volta a fare salti mortali per convincere i programmatori a passare nelle loro radio i giovani che produco. Nessuno vuole più rischiare niente. Per la paura di trasmettere qualcosa su cui il responso del pubblico non è prevedibile a priori ci si priva del tutto del gusto della sfida, dell'adrenalina che dà scommettere su un artista nuovo, la cui sorte ancora oscura potrebbe prendere i contorni di un grande successo. In tempi recenti, una bella avventura in questo senso è stata quella di Tiziano Ferro, che ho visto nascere e affermarsi a livello mondiale. Quando nel 2001 le radio cominciarono a trasmettere *Xdono*, Tiziano era un signor Nessuno: poteva essere un flop, un fuoco di paglia (come Valeria Rossi, che cantava *Tre parole* – ve la ricordate?). Ma anche solo qualche anno fa c'era un po' più di intraprendenza e amore per il rischio tra i responsabili delle radio. Qualcuno decise che quel signor Nessuno faceva della musica che poteva funzionare e cominciò a mettere in onda la sua canzone. Nel giro di poche settimane tutta Italia cantava *Xdono*.

Ora invece niente: se si cerca di presentare un artista nuovo, qualunque sia il tipo di musica che propone, ci si trova di fronte a un muro insormontabile. Ma, dico io, è la capacità di fare scommesse, di lanciarsi in nuove imprese che permette al mondo di avanzare. Se quel brav'uomo di Cristoforo Colombo si fosse fermato per paura di aver preso male le misure circa la posizione delle Indie (come in effetti era), a quest'ora continueremmo a vivere nell'ignoranza, inconsapevoli dell'esistenza del continente americano. Allo stesso modo, se negli anni Cinquanta qualche deejay ante litteram un po' spericolato non avesse fatto la pazzia di mettere in onda la musica rock di Elvis o il jazz di Miles Davis, saremmo rimasti fermi alle romanze. Certo che se non ci si muove, se non si avanza incontro alla novità e al futuro, nel migliore dei casi si finisce morti di noia. Nel migliore dei casi.

L'intraprendenza dei programmatori radiofonici dei miei tempi non si limitava però ai prodotti d'oltreoceano che, per quanto strambi o «scandalosi», arrivavano comunque in Italia con il marchio di fabbrica «Made in USA». Dalla fine della Seconda guerra mondiale tutto ciò che poteva vantare un legame con l'America sprigionava una magia e un fascino irresistibili. Mica per niente, come cantava Renato Carosone in quegli anni, l'aspirazione del nostro connazionale medio era «fa' l'americano».

Anche nuovi artisti italiani che scrivevano canzoni del tutto lontane dai modelli tradizionali beneficiarono dell'ondata di rinnovamento che attraversava il Paese negli anni del boom economico.

Questa svolta, nei miei ricordi di ragazza, è legata a un episodio particolare. Era il 1960, avevo cominciato a lavorare da qualche mese. Capitava di frequente, il sabato o la domenica, di strappare il permesso per una giornata fuori con la scusa di una passeggiata sui colli insieme alle amiche (il femminile era di rigore, per far stare tranquilli i genitori). In realtà, ottenuto il via libera, correvo verso il punto di ritrovo concordato, un vicolo non troppo lontano da casa ma abbastanza fuori mano da consentirmi di evitare conoscenti a cui avrei dovuto rendere conto. Lì, oltre alle amiche, era in attesa anche qualche ragazzo un po' più grande, al volante di quello che per tutti noi era il vero lasciapassare verso la libertà: l'automobile. Ci pigiavamo stretti dentro i pochi mezzi a disposizione e partivamo, eccitatissimi per la clandestinità della nostra fuga, alla volta della Riviera romagnola. All'epoca non c'era ancora l'autostrada ma il tragitto, un centinaio di chilometri, volava comunque via veloce, tra chiacchiere e cantate. Erano sempre gite di un solo giorno, perché passare la notte fuori casa comportava spese e spiegazioni che nessuno di noi avrebbe potuto sostenere, ma, pur con l'obbligo del rientro in serata, ci divertivamo come dei matti: divoravamo piadine e gelati e poi, in gruppo o a coppiette, facevamo il bagno (*facevano* il bagno – io non ho mai messo piede in mare: è abitato, e l'idea di toccare qualche animale sott'acqua mi terrorizza) o, se era troppo freddo, passeggiavamo a piedi nudi sulla spiaggia giocando a schizzarci con l'acqua gelata.

Nel ricordo, quella giornata particolare sembra quasi uno spezzone di *Amarcord*: stesso clima da sogno, stessa atmosfera un po' magica. Era autunno, e a Rimini faceva già fresco: niente bagnanti né ombrelloni sulla spiaggia. Io e la mia amica del cuore Maria Bolognesi – che qualche anno più tardi, sposandosi, sarebbe andata a vivere proprio a Rimini – avevamo cenato in un posto sul mare, uno di quelli che d'estate sono veri e propri stabilimenti balneari mentre fuori stagione rimangono aperti come ristoranti. Appoggiato a una parete, accanto alla porta che collegava la veranda – dove noi ci trovavamo – alla sala interna, faceva bella mostra di sé un juke-box, con tutti i 45 giri che quell'anno andavano per la maggiore. Cominciava a imbrunire e, mentre Maria e io eravamo impegnate in una delle nostre accese e interminabili discussioni, qualcuno dev'essersi alzato per selezionare un brano.

D'un tratto la musica riempì l'ambiente. Non conoscevo quella canzone, era la prima volta che l'ascoltavo: «C'era una volta una gatta / che aveva una macchia nera sul muso / e una vecchia soffitta vicino al mare / con una finestra a un passo dal cielo blu». La melodia, il testo e la voce del cantante mi colpirono immediatamente. Per lo spazio di qualche minuto mi sentii trasportata in una dimensione sospesa, fuori dal tempo, come se lì, sulla spiaggia, ci fossimo state soltanto io e quella musica. Fu una specie di incanto. Poi, quando la canzone finì, il rumore del braccio meccanico che toglieva il disco dal piatto mi riportò alla realtà. Rapita dalla magia di quel motivo, avevo smesso d'un tratto di parlare, interrompendomi a metà di una frase. Evidentemente, dopo aver cercato di riconquistare attenzione, Maria si era scocciata di fissare la mia espressione inebetita e mi aveva lasciata da sola al tavolo. Forse era andata in bagno a rinfrescarsi il trucco.

Mentre l'aspettavo cercavo di capire cosa, nella *Gatta* – così si intitolava il brano – mi aveva tanto impressionato. Alla fine giunsi alla conclusione che a stupirmi era stata la sua dirompente modernità, che si esprimeva tutta nel tono pigro e dimesso, quasi sornione, della voce di Gino Paoli, lontano anni luce dall'intonazione larga e cristallina delle canzoni italiane ascoltate fino ad allora. Pensai che ci voleva un bel coraggio per prendere una strada così insolita e controcorrente. Ora, con l'esperienza accumulata nel tempo, mi dico che altrettanto – se non maggiore – era stato il coraggio di produttore, casa discografica e programmatori, che avevano deciso di scommettere, rischiando, in qualcosa di nuovo. Perché, ai tempi, Gino non lo conosceva quasi nessuno. Nei mesi successivi fu proprio quella canzone che mi aveva colto di sorpresa un pomeriggio d'autunno sulla spiaggia di Rimini a diventare il suo primo travolgente successo.

4.
Ma Milàn l'è un gran Milàn

A parte le fissazioni musicali, la mia vita proseguiva sui binari consueti: lavoro, casa, uscite con gli amici. Tutto tranquillo.

Troppo tranquillo.

Con il passare del tempo Bologna mi stava sempre più stretta. Amavo la città, era casa mia, il luogo in cui ero nata e cresciuta. Eppure, nonostante ciò, sentivo che lì dentro sarei soffocata.

Avvertivo il peso di un ambiente provinciale, statico e prevedibile. Non erano poi molte le opportunità che un centro come Bologna poteva offrire a una ragazza sveglia e intraprendente ma negata per lo studio. A vent'anni sapevo esattamente quali sarebbero state le tappe successive se fossi rimasta ferma nella bonaccia della mia città: qualche anno di lavoro, l'incontro con un giovanotto carino, il matrimonio, i figli. E lì, la fine. Perché una volta diventata mamma mi sarei potuta scordare di lavorare fuori casa.

Per quanto mio padre fosse un convinto sostenitore della sacralità del lavoro, si viveva pur sempre nella provincia italiana di inizio anni Sessanta: dopo il matrimonio le donne lavoravano se e solo se la loro famiglia si trovava in situazioni economiche difficili. A nessuno passava per la mente che per una ragazza potesse essere importante svolgere un'attività professionale e mettere a frutto le sue capacità al di fuori del focolare domestico. Tutte blindate in casa a rammendare calzini e spadellare intorno ai fornelli. Figuriamoci! Ancora oggi in casa cucina mio marito perché si diverte come un matto, mentre io ho sempre altro da fare. Se mi applicassi sarei anche una cuoca discreta, ma... chissenefrega della cucina! Ci sono cose che mi divertono molto di più.

Anche se giovane, quindi, avevo già ben chiaro che ciò che *non* volevo era diventare una pacifica donna di casa. E un'altra idea campeggiava luminosa come la stella polare nella mia testolina inesperta e cocciuta: la sola strada sicura per sfuggire al destino della casalinga disperata era mollare Bologna. Bisognava fare il grande salto verso la città che allora incarnava il fervore del miracolo economico: Milano.

Milano su di me esercitava la stessa attrazione di una calamita gigante sulla limatura di ferro. Era una miniera di possibilità, la Mecca del futuro: là ogni obiettivo diventava realizzabile, le opzioni parevano moltiplicarsi a dismisura anche per un'ignorantona come me.

Per realizzare queste imprese eccezionali bastava mettere in campo intraprendenza e inventiva, e mi sembrava di possedere entrambe queste qualità (anzi, i miei insegnanti e il mio datore di lavoro sostenevano ne avessi persino in eccesso). E poi, fin da allora, nel capoluogo lombardo si respirava più che altrove un clima internazionale, aperto alle innovazioni e a tutto quanto arrivasse dal resto del mondo. L'ammirazione per la metropoli, va anche specificato, non era passione recente, ma mi si era sviluppata nel «retrobottega» della testa anno dopo anno, fin da scolaretta.

Mia madre, lombarda di Como, aveva una cugina, la zia Anita, che sposandosi era andata a vivere proprio a Milano. Di conseguenza avevo avuto occasione di visitare la città fin da scolaretta. Ricordo come momenti di felicità assoluta quelli in cui mamma mi comunicava che avrei trascorso qualche giorno dalla zia. Sono certa che l'entusiasmo della bambina che ero fosse ampiamente condiviso dai miei genitori, che, da parte loro, non vedevano l'ora liberarsi del piccolo mostro per concedersi un po' di relax. Queste brevi escursioni metropolitane cadevano il più delle volte a settembre, durante l'ultimo scorcio delle vacanze estive, oppure nella pausa natalizia. Al ritorno sui banchi di scuola non vedevo l'ora di stupire le mie compagne raccontando balle incredibili su quello che avevo visto nei giorni trascorsi a Milano.

Passeggiando con la zia in parco Sempione o nelle strade attorno al Duomo, mi imbattevo di continuo in oggetti e personaggi straordinari, che meritavano uno studio approfondito. Le signore mi sembravano tutte elegantissime, i negozi avevano un'aria raffinata ed esotica completamente diversa da quella delle botteghe della mia Bologna.

Nella mia fantasia di bambina ero convinta che lo spirito delle due città si spiegasse e si incarnasse tutto nelle rispettive chiese maggiori: il Duomo di Milano e, a Bologna, la basilica di San Petronio. Questa era larga, massiccia, solida. Concreta e spartana. Il rivestimento marmoreo della facciata lasciato a metà, così che tutta la parte superiore mostra senza vergogna i mattoni bruni della struttura. Evidentemente, a un certo punto qualcuno aveva pensato che non era poi così fondamentale sprecare tempo e denaro in orpelli e decorazioni che, ai fini pratici, non sarebbero serviti a niente.

Il Duomo di Milano invece sì che era elegante: bianco, splendido e altero. Era diverso da tutte le altre chiese che mi era capitato di vedere fino ad allora. Con il suo stile gotico sembrava arrivare da un altro mondo. Ma, soprattutto, San Petronio, ampia e ben piantata per terra, nella mia fantasia era la trasposizione architettonica della Mirella, una donna massiccia, dalle tette enormi, moglie del salumiere da cui si servivano i miei genitori. L'elegante profilo del Duomo e delle sue guglie tese verso il cielo si identificava invece con la silhouette perfetta della Luisa, una signora altissima che veniva spesso a prendere il caffè dalla zia Anita. Ai miei occhi era la donna più raffinata del mondo: indossava abiti che le sembravano cuciti addosso e camminava sempre dritta, con il mento leggermente sollevato, bella come un'attrice del cinema.

Una sera, a cena, mia sorella e suo marito diedero il grande annuncio: a mio cognato era stato offerto un ottimo posto di lavoro alla Edison-Volta.

Il nuovo incarico comportava grandi cambiamenti, primo fra tutti il trasferimento a Milano, dove l'avrebbero seguito la moglie e le due figlie ancora piccole. Fantastico! Che notizia! Mi alzai di scatto dalla sedia e cominciai a saltellare da una parte all'altra della sala da pranzo lanciando urla di gioia. Il resto della famiglia rimase a fissarmi sconcertato, il cucchiaio della minestra a metà strada fra il piatto e la bocca aperta. Con mia sorella a Milano avrei avuto una scusa perfetta per fare un salto da quelle parti spesso e volentieri. Erano passati diversi anni e la zia Anita, donna indipendente, non aveva certo voglia di dare ospitalità fissa. Ora, però, la mia sorella «milanese» apriva prospettive insperate e molto promettenti.

Concessi a mio cognato e mia sorella il tempo necessario per traslocare nell'appartamento nuovo, ambientarsi in città e iscrivere le bimbe all'asilo.

Poi, dopo quello che ritenevo un ragionevole periodo di assestamento, passai all'attacco. Innanzitutto cominciai a lamentarmi della monotonia del lavoro in ufficio: «Faccio sempre le solite due cose... Per un impiego del genere non c'è bisogno di un essere umano, basta una scimmia ammaestrata! Se devo campare tutta la vita così, tanto vale che il cervello lo metto in salamoia...». Avanti così per qualche mese e i miei genitori avrebbero pagato oro pur di liberarsi di me e di quelle rotture di balle. Nel frattempo mia sorella, al telefono, diceva spesso che la gestione della casa e delle bambine, in una città dove non conosceva nessuno, era piuttosto faticosa. A Bologna poteva contare sulla collaborazione di parenti e vicini felicissimi di badare alle sue figlie. Lì a Milano, invece, doveva cavarsela senza aiuto, e a tratti la solitudine diventava pesante. Se a questo si aggiungeva che casa sua era dotata di una stanza in più, pronta pronta per ospitare qualcuno...

Non ci volle molto perché tutti si convincessero dell'opportunità che io mi spostassi a Milano: avrei badato alle bambine e tenuto compagnia a mia sorella. Senza contare poi che il capoluogo lombardo offriva ben altre prospettive di lavoro rispetto a Bologna.

Per preparare le valigie mi ci volle meno di mezz'ora: era una vita che aspettavo quel momento.

Per qualche tempo, fino a quando mamma e papà ci raggiunsero a Milano quattro anni dopo, nel 1965, vissi quindi a casa di mia sorella. Mi davo molto da fare per non essere di peso, soprattutto dopo che lei ebbe una terza bimba. Nel frattempo, però, il motore economico del Paese mi aveva arruolato nell'esercito dei suoi lavoratori.

Ancora una volta la mia ricerca non si era indirizzata verso un impiego particolare.

Non avevo nessun obiettivo specifico, forse anche perché, entusiasta e curiosa com'ero, ogni possibilità rivelava ai miei occhi un che di interessante: potevo appassionarmi praticamente a qualunque cosa. Compreso lo studio dei parassiti del tabacco. E uno dei primi impieghi che trovai, infatti, mi vide all'opera proprio in un'azienda che produceva antiparassitari per l'agricoltura. Condividevo l'ufficio con tre ragazze: lavoravamo come stenodattilografe, trascrivendo i risultati delle ricerche degli entomologi. Le relazioni venivano poi passate all'ufficio tecnico che, sulla base dei dati raccolti, valutava le eventuali variazioni da apportare alla formula del prodotto.

Tutto quello che sapevo del tabacco, prima di cominciare quel lavoro, era che finiva triturato nelle sigarette che fumavo – fine del discorso. A malapena arrivavo a concepire che quella roba un tempo era stata una foglia, figuriamoci se il mio cervello aveva mai formulato l'idea che esistesse un tipo di parassita particolarmente ghiotto della pianta del tabacco! Eppure, nonostante l'argomento possa sembrare arido, per un periodo la scoperta di questo mondo sconosciuto mi affascinò: era una novità, e come tale degna di essere studiata e sperimentata.

Accanto alle accresciute conoscenze scientifiche, quell'esperienza mi fruttò anche un buon numero di piccole divertenti avventure. Pranzavo sempre con le mie tre colleghe, perché la pausa era breve e il tempo non bastava per passare da casa. Spesso ci compravamo qualcosa in una latteria di corso Magenta, a due passi dall'ufficio. Un giorno, però, una di noi scoprì che poco distante, in Foro Bonaparte, si trovava la mensa della Montedison.

«Perché non andiamo a mangiare là?» proposi un giorno.

«Ma sei matta?»

«Dài, sono centinaia di persone, chi volete che si accorga di quattro infiltrate?» La faccia tosta non mi mancava.

«No, io non ci vengo: ti immagini che figura se ci beccano e ci sbattono fuori davanti a tutti?» C'è sempre qualche fifone che cerca di sabotare tutte le proposte divertenti.

Dopo un quarto d'ora di discussione, decidemmo di dividerci. Elisa e Margherita, le più impaurite all'idea di essere smascherate, si diressero verso la solita latteria; Lucia e io, invece, ci lanciammo nell'esplorazione della sconosciuta ed esotica mensa della Montedison.

Una volta raggiunto l'edificio seguimmo il

flusso di persone fino a raggiungere una grande sala, dove ci mettemmo in coda sforzandoci di mantenere l'aria più naturale di questo mondo. A me scappava da ridere, ma cercavo di trattenermi: non potevamo farci beccare.

Non avevo fatto i conti con la mia goffaggine, però.

Ora, non sono mai stata una fanciulla leggiadra e aggraziata. Credo si tratti di un problema di carattere: troppo impulsiva e impaziente per mantenere l'eleganza nei movimenti, che deriva anche da una certa lentezza. Di certo non mi smentii quella volta in mensa. Dopo aver pagato afferrai il vassoio carico di pietanze e mi diressi a passo di marcia verso un tavolo libero. La mia attenzione era tutta puntata sulla meta da raggiungere: una volta sedute nessuno avrebbe più potuto individuarci come intruse chiedendo conto della nostra presenza. Insomma, ero talmente concentrata che non mi accorsi di un ragazzo che mi tagliava inavvertitamente la strada.

Bum! La collisione mi fece scivolare dalle mani il vassoio con il pranzo: piatto e bicchiere andarono in frantumi sul pavimento, il cibo si sparse ovunque. Allarme rosso. Con la coda dell'occhio vedevo Lucia, a qualche passo da me, paralizzata dal terrore di essere scoperta.

Invece andò tutto per il meglio. Il giovanotto, gentilissimo, si offrì di ripagarmi il pranzo, mi accompagnò al tavolo e si trattenne qualche minuto a chiacchierare con Lucia e me. Alla domanda «Lavorate qui da molto?» ce la cavammo con un generico «No, è il primo giorno». Per fortuna lui non indagò oltre, risparmiandoci così la fatica di inventare pericolose balle sull'ufficio al quale eravamo assegnate.

Uscendo scoppiammo entrambe a ridere. «Certo che ci è mancato un pelo, eh?» disse Lucia.

«Già» ammisi. «La prossima volta bisognerà cercare di essere un po' più discrete.»

«La prossima volta?!»

«Ma sì, ormai abbiamo rotto il ghiaccio. Si mangia bene, si paga pochissimo: sarebbe da sceme rinunciare.»

«Se lo dici tu...»

Da quel momento non passò settimana senza che facessimo almeno un'incursione alla mensa della Montedison.

Dopo qualche tempo, però, l'impiego nella ditta di antiparassitari cominciò ad andarmi stretto. I microorganismi avevano perso buona parte del loro fascino, forse anche a causa dello stipendio veramente misero che mi fruttavano. Trascorsi settimane in cerca di un'alternativa e infine approdai all'ufficio tecnico di un'azienda che produceva sistemi antincendio su licenza di una società tedesca. Questo lavoro mi portava spesso fuori città, in campagna, dove assistevo a un numero infinito di collaudi. In presenza dei pompieri si appiccava il fuoco a del materiale sistemato dentro enormi buche, quindi si ricopriva il tutto con la sostanza antincendio e si calcolava il tempo di spegnimento.

Mi davo da fare e, pur non avendo particolari ambizioni, ero sempre disponibile a trattenermi un po' oltre l'orario previsto e svolgere compiti che non rientravano strettamente nei miei incarichi. L'impegno dava i suoi risultati, ed evidentemente anche il signor Müller, il direttore dell'azienda, aveva avuto modo di apprezzarli. Sta di fatto che un bel giorno lui in persona venne da me e mi chiese di rivedere alcuni conti.

«Ma non spetta al direttore commerciale?» chiesi.

«Sì, ma vorrei che questa volta se ne occupasse lei, se non le dispiace.»

No, che non mi dispiaceva: mi sentivo tutta gasata per il fatto che il capo avesse deciso di affidare proprio a me quei conti.

Mi misi al lavoro e in breve tempo realizzai che c'era qualcosa che non tornava, così andai a chiedere spiegazioni al direttore commerciale, un signore di una certa età che aveva già i capelli bianchi.

Fu la mossa più sbagliata che potessi fare. Non appena capì di essere stato scavalcato montò su tutte le furie. Volto paonazzo e vene del collo pulsanti, mi urlò di tutto, lanciando insulti di cui io – nonostante la mia precedente frequentazione di camionisti – non sospettavo nemmeno l'esistenza.

Ma non aveva fatto bene i suoi calcoli, se

credeva di potersi permettere una reazione del genere. Nessuno gli aveva detto che, per quanto (o proprio perché) giovane, ero una testa matta, tutt'altro che remissiva e assolutamente non disposta a incassare cazziatoni ingiustificati da poveracci in piena crisi di mezza età.

Colsi al volo l'occasione che mi si presentò nel momento in cui quel vecchio esagitato si concesse una pausa per riprendere fiato: piantai le mani sulla scrivania e sporgendomi verso di lui (non fu facile, il suo alito non profumava di menta e da quella distanza lo si sentiva in tutto il suo fetore) gli risposi a tono. Non ricordo nel dettaglio cosa dissi, ma di certo le mie parole non furono quelle che ci si poteva aspettare da un'impiegata con scarsa esperienza a colloquio con un superiore. Porca miseria, era lui che l'aveva voluto!

All'inizio il direttore rimase esterrefatto, incredulo per ciò che aveva appena udito. Poi allo stupore si sostituì una delle incazzature più selvagge che abbia mai subito. Riprese a urlare tanto da farmi temere per la tenuta delle sue coronarie, di certo già compromesse.

Alla fine mi «invitò» ad andarmene dalla stanza. Non desideravo di meglio: afferrai energicamente la maniglia, decisa a sbattermi la porta alle spalle con tutta la forza che avevo in corpo, ma nel tirarla a me feci cadere la chiave, infilata male nella toppa. Il vecchiaccio mi intimò di raccoglierla. Esitai. Guardai lui. Poi la chiave. Poi di nuovo lui. Alla fine mi abbassai e la raccolsi. Posai delicatamente la chiave sul tavolo e quindi, guardandolo in faccia, con la voce più calma che mi riuscì, gli dissi: «Sa dove se la può mettere?».

Girai i tacchi e uscii dall'ufficio del direttore lasciando la porta spalancata.

5.
Ariston

Dopo una mezz'ora di entusiasmo, la sbornia da senso di onnipotenza cominciò a evaporare, lasciando il posto alla consapevolezza della boiata gigante che avevo fatto. «Porca vacca, e adesso?»

Di rimettere piede in ufficio non se ne parlava, poco ma sicuro. L'unica conseguenza possibile per un atto di insubordinazione così inaudito era il licenziamento, e non avevo nessuna intenzione di umiliarmi pubblicamente con delle scuse tanto inutili quanto non sentite.

Non c'era molto da fare, toccava rimettersi alla ricerca di un lavoro, sperando di avere più fortuna nei rapporti con i superiori. La vita da disoccupata, comunque, durò meno di un mese, durante il quale feci morire dal ridere mia sorella e tutti coloro a cui raccontavo la scena madre con cui me n'ero andata dall'azienda di sistemi antincendio.

Rimisi mano al «Corriere della Sera», pagina degli annunci. La mattina uscivo presto a comprare il giornale, selezionavo le proposte più interessanti, chiamavo e fissavo appuntamenti per i colloqui.

Passò qualche settimana senza che nessuna delle strade tentate portasse risultati apprezzabili. In alcuni casi cercavano una persona con un profilo diverso dal mio, in altri gli individui che mi ero trovata di fronte al momento del colloquio mi avevano fatto accapponare la pelle e desiderare qualunque cosa piuttosto che essere assunta. La mia riserva di fiducia, tuttavia, non si esauriva facilmente. Nel 1967 la situazione era molto diversa da quella attuale, in cui trovare un'occupazione più gratificante della vendita porta a porta di plantari automassaggianti appare impresa più unica che rara.

Un giorno lessi questo annuncio: «Cercasi segretaria per l'ufficio stampa di una casa discografica – Ariston Records». Seguivano i recapiti. «Perché no» mi dissi, e chiamai il numero indicato in fondo al riquadro.

Il mattino dopo mi trovavo davanti alla sede della Ariston, in piazza Pattari 1/3, per il colloquio. Ad attendermi negli uffici situati al quarto piano c'era Alfredo Rossi in persona, patron della casa discografica che in quegli anni aveva sotto contratto alcuni tra gli artisti più importanti della scena nazionale: Ornella Vanoni, Mino Reitano, Bruno Lauzi, gli Stormy Six, i Corvi.

Nella mia ignoranza in materia, non sapevo di parlare con il capo di tutta la baracca; ero convinta che si trattasse di un qualche addetto dell'ufficio personale. Affrontai quindi la prova in scioltezza, allenata dal gran numero di colloqui sostenuti nelle settimane precedenti. Bastarono un paio di minuti per convincermi che quel signore con gli occhi chiari e il sorriso cordiale mi piaceva: mi conquistarono i modi diretti e il tono franco con cui si esprimeva, senza troppe cerimonie o giri di parole. Immagino che franchezza e trasparenza furono le stesse cose che di me piacquero a lui. Al termine del nostro incontro il dottor Rossi aveva già preso la sua decisione: se ero d'accordo, potevo cominciare dalla settimana successiva.

Ora, ripensando a quel giorno, mi sento di ripetere quello che dico sempre parlando degli artisti con cui ho lavorato: una delle più grandi fortune che si può avere nella vita è quella di incontrare persone con qualità umane straordinarie. Credo che anche in quel caso la sorte fu generosa con me, dandomi la possibilità di conoscere la discografia sotto la guida di un uomo acuto, vivace, ricco di senso pratico e intuito come Alfredo Rossi. Se la memoria non mi inganna, il primo giorno da impiegata Ariston cadde nel novembre 1967. Fu l'inizio della mia avventura nel mondo della musica, un'avventura che incredibilmente continua ancora oggi, a oltre quarant'anni di distanza.

Da principio i miei contatti con il dottor Rossi furono piuttosto scarsi. Come indicato nell'annuncio, mi occupavo della segreteria dell'ufficio stampa, il cui responsabile era un signore romano, Guido Ardizzone. Un passato come giornalista gli aveva permesso di entrare in contatto con diversi colleghi che scrivevano sulle pagine dello spettacolo di quotidiani e riviste. Di Ardizzone ho però pochi ricordi, perché lasciò la Ariston pochi mesi dopo il mio arrivo, e da quel momento ci perdemmo di vista.

La mente, tuttavia, a volte segue dei percorsi strani: perché se di Ardizzone faccio fatica a ricordare anche solo il colore dei capelli (mi sembra fosse biondo, ma chi può dirlo), ho ancora stampato nella memoria il viso della sua fidanzata: una ragazza molto carina, che mi lasciava a bocca aperta ogni volta che passava nei nostri uffici. Trucco e acconciatura erano studiati con una cura maniacale, al limite della perfezione. Mai un dettaglio fuori posto. Dallo chignon non sfuggivano mai ciocche ribelli, la tonalità del rossetto combaciava sempre con il colore della borsetta e delle scarpe. Ogni volta che la incontravo ammiravo la sua eleganza studiata in ogni particolare.

Nonostante tutti gli sforzi per migliorarmi e imparare da lei, vedendola non potevo fare a meno di ammettere l'inevitabile sconfitta: un giorno i capelli si rifiutavano di stare come dovevano; un altro mi svegliavo in ritardo e, nella fretta, dimenticavo gli orecchini; un altro ancora mi sfregavo una mano sugli occhi assonnati e facevo una strage col mascara. E poi, mi dicevo, per un risultato perfetto come il suo ci vorranno ore e ore di lavoro davanti allo specchio: la mia scarsa pazienza, a malapena sufficiente per sostenere la decina di minuti che ogni mattina dedicavo al make-up, non avrebbe mai potuto portarmi a simili traguardi.

Smisi di dedicare tempo allo studio di trucco e parrucco della fidanzata di Ardizzone quando quest'ultimo lasciò la Ariston. La sua uscita di scena segnò anche, come era ovvio, la fine delle visite della fidanzata. Ma, se anche lei avesse continuato a frequentare gli uffici, dubito che avrei avuto modo di rendermene conto. Nel momento in cui Ardizzone diede le sue dimissioni, infatti, Alfredo Rossi mi convocò a colloquio da lui.

«Allora, Mara, che ne dice di provare a prendere il posto di Guido, ora che lui se ne va?»

Rimasi interdetta. Era una battuta? Cosa ne sapevo io della gestione di un ufficio stampa? Con i giornalisti fino a quel momento avevo parlato solo per farmi confermare gli indirizzi a cui spedire le copie omaggio dei nostri dischi! Come potevo diventare un'interlocutrice credibile?

«Ma dice davvero?»

«Certo che sì. Secondo lei ho tempo da perdere facendo scherzi ai miei dipendenti?»

«No, no... Certo che no. Ma... da sola?»

«All'inizio sarete in due, lei e Simontacchi. Poi vedremo. Forza, non faccia la falsa modesta: lo sappiamo tutti e due che ce la può fare. L'ho vista al lavoro in questo periodo e, con il piglio che ha, sarà in grado di convincere anche il più scettico dei giornalisti. E poi anche uno stupido si accorgerebbe che si annoia da morire nel ruolo che occupa adesso. Quindi la smetta di fare complimenti, vada e si metta al lavoro.»

« Sì, signore.»

Mah. I miei dubbi erano ancora tutti lì. Ciononostante, non pensai neppure per un istante di sottrarmi alla sfida.

L'idea di mettermi alla prova, di dimostrare a me stessa – prima che a chiunque altro – di essere in grado di svolgere un compito tanto impegnativo, mi dava un brivido di piacere. Non avevo ancora lasciato l'ufficio del dottor Rossi e già le rotelle dentro la mia testa si erano messe in moto freneticamente, abbinando ogni artista della scuderia Ariston ai giornalisti che, secondo me, meglio avrebbero potuto metterne in luce e farne apprezzare le qualità. Una volta tornata alla scrivania avevo ormai del tutto dimenticato le faccende di cui mi stavo occupando prima della convocazione del capo.

Cominciai a spulciare la rubrica con tutti gli indirizzi dei giornalisti. Ogni volta che mi imbattevo nel nome di uno sconosciuto con il quale, in quei primi mesi, non avevo ancora avuto contatti, chiedevo notizie a Rosanna Mani: lei, che ormai da anni è condirettore di «TV Sorrisi e Canzoni», all'epoca lavorava alla Ariston come responsabile dell'ufficio promozione. Occupandosi di organizzare e programmare le partecipazioni dei nostri cantanti a programmi televisivi e radiofonici, nel corso degli anni si era guadagnata un ricco bagaglio di conoscenze tra i giornalisti della stampa specializzata. Era ed è una persona molto preparata, che mi ha dato più di una dritta fondamentale per imparare a muovermi nell'ambiente senza esagerare con le gaffe. Di lì a poco saremmo diventate una coppia formidabile, Rosanna alla promozione e io all'ufficio stampa: praticamente due mastini, non mollavamo la presa fino a quando non ci davano quello che volevamo.

A questo proposito ricordo con divertimento una mia storica impresa che valse a Ornella Vanoni la prima copertina del settimanale «Oggi».

Ornella era già allora una gran signora, colta, elegante, dotata di un fascino tutto particolare. Quando arrivava lei in ufficio persino il dottor Rossi si alzava dalla scrivania e lasciava la sua stanza per andarle incontro. In più, forse per via della sua estrazione borghese, aveva un atteggiamento un po' distaccato. Distacco che si trasformava in ostinato mutismo nel caso in cui i risultati – sul fronte delle vendite, della promozione o del lancio stampa – non fossero all'altezza delle sue aspettative. Io, che lì dentro ero l'ultima ruota del carro, sulle prime mi sentivo molto in imbarazzo quando dovevo avere a che fare con lei.

Tuttavia, se sono riuscita a imparare il lavoro di ufficio stampa lo devo anche alle richieste della Vanoni, oltre che alla mia innata faccia tosta e all'orgoglio che mi ha sempre imposto di lottare fino allo stremo prima di ammettere una sconfitta. Caso esemplare, appunto, fu quello della copertina di «Oggi».

Erano gli anni in cui la rivalità – a volte reale, a volte montata dai giornali – tra Ornella e Mina toccava le punte massime. Le due Signore della canzone italiana incarnavano modelli opposti di donna e interprete. Mentre Mina era un po' pazza, solare e allegra, la Vanoni rappresentava un ideale più sofisticato, tormentato e ombroso.

Con questi presupposti, non è difficile immaginare per quale motivo un rotocalco popolare come «Oggi» preferisse dedicare spazio alla Tigre di Cremona piuttosto che alla raffinata interprete milanese. Quando il discorso cadeva sulle copertine, poi, non c'era proprio gara. Vittorio Buttafava, che allora era direttore di «Oggi», ebbe modo di spiegarmelo decine se non centinaia di volte. La copertina era l'elemento della rivista che doveva «muovere» una frangia di pubblico diversa da quello abituale, attirando coloro che ancora non erano lettori fedeli ma che potevano diventarlo. E, a questo scopo, Ornella non funzionava: troppo aristocratica, non aveva quella presa immediata sulla gente che invece era garantita dal sorriso contagioso di Mina.

Comprendevo le ragioni del dottor Buttafava, ma lui non aveva calcolato due fattori determinanti. Innanzitutto che Ornella soffriva molto il dualismo con Mina e l'immagine di quest'ultima, perennemente presentata come la donna vincente, la «più amata dagli italiani». Di conseguenza *voleva* con tutta se stessa quella copertina, forse per dimostrare che anche lei poteva attirare un pubblico più vasto e popolare.

L'altro fattore che Buttafava non aveva preso in considerazione era la mia capa tosta: se la Vanoni voleva la copertina e colei che doveva lottare per averla ero io, allora avrei rotto le balle a oltranza per ottenerla.

Il direttore di «Oggi» aveva tentato di scoraggiarmi nel corso di una telefonata preliminare. Non gliela diedi vinta e una mattina mi presentai in quella che all'epoca portava ancora il nome di via Civitavecchia. Entrai nel palazzo della Rizzoli e raggiunsi la redazione di «Oggi». Una signorina molto gentile, alla quale chiesi notizie del dottor Buttafava, mi invitò ad accomodarmi su una delle poltroncine disposte fuori dall'ufficio del direttore.

Fu l'inizio di un vero e proprio assedio. Rimasi lì, inamovibile, per tutto il giorno. Ogni volta che Buttafava faceva capolino dal suo studio per andare in bagno o raggiungere qualche collaboratore, sfoderavo un sorriso enorme e lo salutavo con il più squillante dei «Buongiorno!». Lui si limitava a un cenno del capo, ma nello sguardo si leggeva chiarissimo il desiderio che io scomparissi dalla sua vista. Arrivata la sera, lo vidi uscire un'ultima volta, con addosso il cappotto e la ventiquattrore stretta in mano. Se ne andò a passi rapidi, come in fuga da un persecutore spietato.

Il mattino dopo, al suo arrivo in ufficio, ebbe un sussulto quando mi ritrovò piazzata sulla stessa poltroncina su cui mi aveva lasciata circa dodici ore prima. Portò avanti ancora per tutta la giornata un disperato quanto inutile tentativo di resistenza. Poi finalmente, quando fuori era già diventato buio, lasciò la scrivania e venne da me dicendo: «Va bene, gliela faccio questa benedetta copertina con la Vanoni. Tutto faccio, purché se ne vada dal mio ufficio!».

A una settimana da quella resa, «Oggi» arrivò in edicola con una copertina dedicata a Ornella. La fotografia la ritraeva a Forte dei Marmi, insieme al figlio. Entrambi erano illuminati da una calda luce dorata e indossavano abiti estivi, molto leggeri. Peccato che una copertina del genere uscisse a fine novembre, con la gente già infagottata nei vestiti invernali. Buttafava non era andato per il sottile: la copertina me l'aveva fatta, pretendere che scegliesse una fotografia «di stagione» andava oltre lo spazio concesso alle mie richieste.

Dopo quell'episodio i miei rapporti con Ornella diventarono decisamente più cordiali. La sua gratitudine e l'apprezzamento per la determinazione che avevo dimostrato si espressero, più che a parole, in una serie di regali che da allora cominciarono a piovermi addosso. All'epoca avevamo la stessa taglia, ed essendo alte più o meno uguale, ero io la privilegiata cui passavano gli abiti di stilisti e sartorie che lei riceveva in quantità e portava magari una sera soltanto. Nessun dubbio sul fatto che quello fu il periodo più elegante della mia vita. Ricordo ancora la mia mise preferita: un abito color oro su camicia beige con polsini oro. Una meraviglia.

Questa esperienza mi aiutò a prendere maggior sicurezza nei rapporti con gli artisti e a superare il timore reverenziale che mi bloccava nei primi tempi. Imparai a conoscere cantanti e musicisti, a capire che hanno le stesse debolezze di ogni comune mortale. Hanno in più il talento, un dono straordinario che però il più delle volte scontano con un carattere spigoloso, insicurezze profonde, tensioni difficili da tenere sotto controllo.

Mi ritrovai presto a fare i conti con le ombre che le persone con cui lavoriamo portano con sé, in circostanze drammatiche.

Anna Identici, una bella ragazza con una voce interessante, nel 1968 aveva incantato il pubblico del Festival di Sanremo con *Quando m'innamoro*, canzone che le diede una certa notorietà e che è rimasta il suo pezzo più famoso. Era sotto contratto con la Ariston, e l'anno successivo si sarebbe dovuta ripresentare al Festival con *Il treno*: era l'occasione giusta per consolidare il suo successo, per affermarsi definitivamente nel panorama musicale italiano.

Una sera, di ritorno dal cinema, trovai mia madre che mi aspettava in piedi sul balcone, il cappotto buttato sopra la vestaglia e la camicia da notte. Erano i primi di gennaio, mancavano poche settimane al Festival, che sarebbe cominciato alla fine di quello stesso mese, e faceva un freddo cane. Doveva essere successo qualcosa di grave. Infatti, non appena aprii la porta di casa, mia madre mi comunicò che un collega della Ariston aveva chiamato per avvisarmi del fatto che Anna aveva tentato il suicidio. Fu un colpo. Mi precipitai al Niguarda, dove era ricoverata in prognosi riservata, e rimasi lì tutta la notte, insieme a numerosi altri amici e colleghi, in attesa di notizie.

Il sentimento generale era di stupore e disorientamento: nessuno avrebbe potuto prevedere una cosa del genere. Vivevamo a stretto contatto con i nostri artisti, curavamo la loro immagine pubblica, ma a volte il loro vissuto più intimo ci sfuggiva.

Come spesso succede, i media si gettarono a capofitto su questa storia, e dovetti condurre una battaglia feroce per fare in modo che le immagini di Anna, intubata nel letto dell'ospedale, non venissero pubblicate. Ma ero convinta che la macchina dello spettacolo, che ingoia e macina tutto, in quel caso dovesse essere fermata.

Naturalmente non si parlava nemmeno di una partecipazione a Sanremo: Anna aveva bisogno di riposarsi, di essere lasciata tranquilla, così fu deciso di far gareggiare al suo posto Rosanna Fratello. Per la cronaca, il pezzo non ebbe un grande successo e fu escluso dalla finale.

Con le cure e il tempo necessari, Anna riuscì a superare quel brutto momento e riprese a fare musica in circuiti più defilati, ma poco a poco ci allontanammo. L'ho rivista per caso, qualche anno fa, insieme a sua figlia: mi ha dato l'impressione di una donna serena, in pace con se stessa. E mi auguro di tutto cuore che sia così.

6.
La magia di Sanremo

Ricordo ancora la prima volta che misi piede a Sanremo. Guido Ardizzone aveva da poco lasciato la Ariston e Giampiero Simontacchi e io facevamo tutto il possibile per sostituirlo al meglio. Di sicuro i nostri caratteri opposti ci aiutavano nel lavoro: casinara e ciarliera io, riservato e sgobbone lui – il diavolo e l'acquasanta. Giampiero aveva più esperienza di me, ma era così tranquillo che a volte potevi dimenticarti della sua presenza. La dedizione assoluta al lavoro sfiorava il fanatismo, e l'unico mezzo per ottenere una reazione che gli facesse alzare la testa china sulle scartoffie era rivolgergli una domanda su questioni professionali. Ogni tanto cercavo di attaccare bottone, di coinvolgerlo in qualche pettegolezzo o in qualche progetto extralavorativo organizzato con gli altri colleghi, ma i miei sforzi andavano quasi sempre a vuoto.

Durante la prima riunione dedicata al Festival di Sanremo del 1968, il dottor Rossi ci illustrò la strategia, come un generale ai suoi soldati prima della battaglia: io dovevo partire all'attacco del nemico e conquistare posizioni, Giampiero mi avrebbe seguito per consolidare le conquiste. Il che, tradotto in parole povere, significava che dovevo andare in giro a rompere le scatole ai giornalisti, mentre il mio collega sarebbe intervenuto in un secondo momento a fornire i contenuti. Mi stava bene. In fondo, come mi aveva insegnato l'esperienza della copertina di «Oggi», rompere le scatole era un'attività perfettamente nelle mie corde e mi riusciva benissimo.

Così, qualche giorno prima del Festival, partimmo alla volta della Liguria con le nostre artiste: Anna Identici e Ornella Vanoni. La prima partecipava alla gara con *Quando m'innamoro*, l'altra con *Casa bianca*. Quando arrivammo in albergo le due cantanti vennero accolte come vere dive: i facchini si lanciarono servizievoli sulle loro valigie e cominciarono la complessa operazione del trasporto in camera del bagaglio. Non si trattava di un'impresa semplice, dal momento che la quantità di abiti che un contesto mondano come Sanremo richiedeva (quelli da indossare durante il Festival, quelli per i servizi fotografici, quelli per passeggiare nelle strade della città sotto gli sguardi curiosi di fan e paparazzi) aveva imposto una moltiplicazione del numero di colli che Ornella e Anna avevano al seguito. Simontacchi e io, da comuni mortali quali eravamo, sbrigammo le questioni pratiche alla reception, poi prendemmo ognuno la sua valigia e ci ritirammo autonomamente nelle nostre stanze.

La mia finestra dava sulla via principale e da lì potevo ammirare la città già in fermento, i locali erano illuminati e le strade inondate di gente. Non vedevo l'ora di gettarmi nella ressa. Dopo cena, però, Ornella e Anna andarono a dormire presto: non dovevano strapazzarsi prima della gara. Quanto a me, all'epoca avevo ventisette anni, morivo dalla voglia di vivere e tutto quell'andirivieni davanti al nostro albergo era un invito irresistibile. Chiamai Simontacchi nella sua stanza, cercando di convincerlo ad accompagnarmi fuori, ma lui si era già infilato a letto: mi ricordò che l'indomani ci aspettava una giornata pesante e mi disse che avrei fatto meglio a seguire il suo esempio. Lo tartassai di telefonate finché lui, esasperato, pensò bene di staccare l'apparecchio. Rimasi per un po' a riflettere con la cornetta ancora in mano, quindi presi una decisione: aprii la valigia e tirai fuori un vestito di seta a fiori, elegante ma discreto, regalo della Vanoni. Lo indossai insieme a un paio di scarpe con il tacco alto, misi un filo di trucco e mi guardai allo specchio: niente male. La notte sanremese mi aspettava.

Quando uscii dall'albergo mi sembrò di essere finita in un sogno: la città era davvero un posto surreale in quei giorni, vi si respirava un'aria densa di elettricità, un'eccitazione contagiosa. Mi ritrovai davanti al Casinò, dove di lì a poco si sarebbe tenuto il Festival – che ancora non era migrato al teatro Ariston – e decisi di entrare. Così, giusto per fare un sopralluogo. Era la prima volta che mi ritrovavo in un posto del genere e ne rimasi stordita e abbagliata. Per rompere il ghiaccio feci un paio di partite in solitaria alle slot-machine. Vinsi pochi spiccioli ma non mi sentivo soddisfatta: avevo bisogno di contatto umano, di mescolarmi agli altri. Mi misi a girare fra i tavoli delle roulette e rimasi un po' a guardare i presenti giocare.

C'era un gruppo di tre scalmanati che pareva si stessero divertendo moltissimo. Mentre due perdevano come dei dannati, il terzo, che non giocava, sommergeva i compagni di consigli non richiesti, scatenando così allegri litigi. In questo modo, impegnati nella discussione, i giocatori finirono per non badare alle fiches che l'implacabile rastrello del croupier sottraeva loro a ogni giro di ruota. Non si mettevano d'accordo su nulla, eppure si ostinavano a giocare insieme. A un certo punto uno di loro alzò lo sguardo e mi fece cenno di avvicinarmi. «Signorina, dica lei il prossimo numero!» Io suggerii il 22, giorno della mia nascita. Il croupier diede inizio al gioco, lasciò cadere la pallina nella roulette e... uscì il 15.

Mi scusai, un po' mortificata, ma nessuno di loro se l'era presa troppo a male: anzi, mi invitarono a passare il resto della serata con loro. Allora non sapevo di essere incappata in quello che sarebbe diventato il nucleo originario degli Squallor. Gli sfortunati giocatori erano Alfredo Cerruti e Daniele Pace, mentre il consigliere era Giancarlo Bigazzi. Dei tipi niente male che, solo pochi anni più tardi, insieme ad altri due scapestrati di nome Totò Savio ed Elio Gariboldi, avrebbero fatto ridere tutta Italia sotto le mentite spoglie degli Squallor, una band trash nata come divertimento tra amici e diventata poi un fenomeno mediatico.

Del resto, come ebbi modo di scoprire già quella sera, questi personaggi la comicità ce l'avevano nel sangue. Se però di notte davano via libera alla loro vena goliardica, di giorno erano tutti grandi professionisti che scrivevano e producevano canzoni «serie», con testi profondi e struggenti. Giancarlo Bigazzi è stato autore di successi come *Luglio*, *Lisa dagli occhi blu*, *Rose rosse*; ha scoperto Umberto Tozzi (con cui ha scritto *Ti amo, Gloria, Si può dare di più*), lanciato Raf (con i successi *Gente di mare* e *Self Control*) e Marco Masini. Alfredo Cerruti, a lungo direttore artistico della CGD, ha lavorato in seguito come autore televisivo al fianco di Renzo Arbore; mentre Daniele Pace, cantante e paroliere, ha vinto il Grammy Music Award per la canzone *Love Me Tonight* interpretata da Tom Jones.

Non ho mai riso tanto come durante le nostre serate sanremesi. Già presi singolarmente erano uno spasso, ma vederli interagire e passarsi la palla l'un l'altro era uno spettacolo per cuori forti. Passai con loro molto tempo quell'anno e poi anche negli anni successivi, quando ci ritrovavamo puntuali per l'appuntamento festivaliero.

Durante la nostra prima nottata insieme mi divertii così tanto che quando mi ricordai di guardare l'orologio scoprii di aver tirato le cinque. Poche ore dopo io e il buon Simontacchi avremmo avuto il primo appuntamento di lavoro. Così, a malincuore me ne tornai in albergo. Feci appena in tempo a farmi una doccia e dormire il minimo indispensabile per restare in piedi e attiva fino all'ora di pranzo. Poi Simontacchi bussò alla porta, fresco come una rosa, per sollecitarmi e avvertirmi che era tempo di scendere a colazione.

Buttai giù un paio di caffè e corsi a destra e a sinistra tutto il giorno per interviste, conferenze stampa e appuntamenti con giornalisti e cantanti. Tra l'altro, essendo nuova del mestiere, nessuno ancora mi conosceva. Facevo il possibile per dissipare le espressioni interrogative degli addetti ai lavori tendendo la mano e presentandomi a chiunque mi venisse a tiro: «Buongiorno, sono Mara Maionchi, lavoro per la Ariston Records». Ripetevo questo ritornello in continuazione, per tutto il giorno. «Buongiorno, sono Mara Maionchi, lavoro per la Ariston Records.» Mi capitava di presentarmi due o più volte alle stesse persone, ma avevo deciso che era meglio suonare ripetitiva piuttosto che rischiare di perdersi qualche possibile nuovo contatto. «Buongiorno, sono Mara Maionchi, lavoro per la Ariston Records.» Dopo un paio di giorni il pericolo dell'anonimato non era che un ricordo: mi conoscevano tutti, compresi i camerieri e i facchini dell'albergo. Ormai nessuno aveva più dubbi su chi fossi e cosa facessi a Sanremo: probabile, anzi, che fossi nota come la rompiscatole della Ariston Records. Il dottor Rossi sarebbe stato fiero di me.

La diciottesima edizione del Festival di Sanremo fu piena di emozioni, soprattutto agli occhi della novellina che ero. La gara si svolgeva nel Salone delle Feste del Casinò, in un'atmosfera un po' formale ma di grande magia.

Ricordo ancora la prima volta che vi misi piede: la sala, prima dell'inizio, era pervasa da un brusio frenetico ed eccitato. Tra il pubblico c'erano uomini impettiti negli smoking neri e signore con abiti da grande soirée, di un'eleganza pazzesca.

Presi posto accanto al mio fedele Simontacchi, poi si spensero le luci e lo spettacolo ebbe inizio. Un giovanissimo Pippo Baudo presentava per la prima volta, insieme a Luisa Rivelli. Ripensavo a me stessa appena un anno prima, quando neppure potevo immaginare che un giorno sarei stata lì, tra il pubblico del Salone delle Feste, e mi sentivo una privilegiata.

Quell'anno vinsero Sergio Endrigo e Roberto Carlos con *Canzone per te*, ma l'esibizione che mi rimase nel cuore fu quella di Louis Armstrong.

All'epoca ogni canzone veniva presentata due volte, eseguita da interpreti differenti, e Armstrong era in tandem con Lara Saint Paul, che gareggiava con *Mi va di cantare*. Lui di voglia di cantare doveva averne molta quella sera se, finito il pezzo, incoraggiato dagli applausi e dall'entusiasmo del pubblico, continuò a suonare incurante di tutto, generoso e felice come un bambino. Non era mai stato prima a Sanremo, forse non ne aveva mai sentito parlare e probabilmente nemmeno gli interessava troppo rispettarne le regole. L'unica cosa che gli importava era accontentare gli spettatori. Sarebbe andato avanti tutta la notte se a un certo punto, su indicazione degli organizzatori, Pippo Baudo non fosse intervenuto togliendogli quasi la tromba di bocca e trascinandolo via dal palco. Era tale il fragore degli applausi che mi trovai a temere per la stabilità del Casinò.

Da quel momento, per i due giorni successivi, i miei obiettivi furono due: proseguire con il lavoro e ottenere un autografo di Louis Armstrong. Mi rimisi di impegno a rompere le scatole a tutti, stavolta con un nuovo tormentone: «Mi fai conoscere Armstrong?», fino a quando non riuscii ad agganciare il manager che lo aveva portato dagli Stati Uniti, Pier Quinto Carriaggi, marito di Lara Saint Paul. Tanto dissi e tanto feci che alla fine mi portò con sé nella stanza del mio idolo. Armstrong era lì con sua moglie, una donna bellissima; non capiva chi fossi né il motivo della mia presenza, ma fu comunque molto gentile. Io non sapevo una parola d'inglese, e lui non conosceva l'italiano, ma quando gli strinsi la mano scattò una specie di automatismo in me e non mi trattenni: «Buongiorno, sono Mara

Maionchi, lavoro per la Ariston Records». Lui annuì, come se avessi detto qualcosa di pienamente condivisibile, poi firmò un autografo e si dimenticò di me per sempre. Io, invece, quel momento lo ricordo come uno dei più emozionanti della mia vita, e il suo autografo lo conservo ancora. L'inchiostro si è un po' sbiadito con il passare del tempo ma fa ancora la sua gran bella figura, incorniciato e appeso a una parete del mio ufficio.

Ogni edizione del Festival a cui ho assistito mi ha lasciato un ricordo particolare. Richiamarli tutti alla memoria sarebbe un'impresa forse troppo faticosa, ma alcuni episodi mi sono rimasti impressi nella mente in modo indelebile.

Uno su tutti, l'arrivo di José Feliciano nel 1971. Quell'anno il celebre musicista fu abbinato ai Ricchi e Poveri, prodotti dalla RCA, che partecipavano al Festival con *Che sarà*. La canzone era già di per sé molto forte, con un ritornello che si piantava nella mente e non mollava più. Feliciano, che in America era ormai famosissimo, in Italia non aveva ancora un grande seguito fra il pubblico. Ma nell'ambiente musicale in molti avevano sentito parlare di lui ed erano curiosi di sentirlo dal vivo. Così, alle prove, quando venne il suo turno, la sala era piena di curiosi. Ed effettivamente Feliciano ci stupì con una performance straordinaria: fu chiaro a molti, dopo la sua esibizione, che il pezzo sarebbe diventato un successo.

Fra gli spettatori presenti a quella prova c'ero anche io, naturalmente. Mentre i tecnici si davano da fare sul palco preparando l'attrezzatura per il cantante portoricano, mi voltai a guardarmi intorno nella sala, in cerca di volti noti fra gli altri addetti ai lavori schierati in platea. Il mio sguardo fu catturato da un uomo seduto in disparte in fondo alla sala, il viso seminascosto dalle spesse lenti degli occhiali: era Ladislao Sugar, un vero gigante della discografia italiana che, alla veneranda età di settantacinque anni, ancora si prendeva la briga di muoversi in prima persona e scendere tra i comuni mortali in cerca di novità. La sua etichetta, la CGD, dominò il panorama della musica leggera per molti anni e a Sanremo occupò a lungo un ruolo da protagonista grazie alla nutrita scuderia di artisti che poteva vantare: Nilla Pizzi, il Quartetto Cetra, Carla Boni, Betty Curtis, Gigliola Cinquetti e Caterina Caselli.

Sugar era un signore distinto, con due occhi vispi e mobili che sembravano penetrare a fondo nelle cose e nell'animo delle persone. Parlava poco, ma quando lo faceva tutti pendevano dalle sue labbra, perché di cose da insegnare ne aveva molte.

La sua presenza in sala, quel giorno, mi dimostrò più chiaramente di mille parole che non era possibile svolgere il lavoro del discografico stando seduti comodi dietro la scrivania; bisognava essere sempre in prima linea, soprattutto, come in quel caso, quando si annusava l'odore di una grande novità.

Sugar morì dieci anni più tardi, nel 1981. All'epoca ero in attesa di Camilla, la mia seconda figlia, e vicina al parto, ma volli partecipare lo stesso ai suoi funerali, per rendergli omaggio e testimoniare la mia profonda stima.

Qualche mese prima, già incinta, non avevo comunque voluto rinunciare al Festival: all'epoca lavoravo alla Ricordi ed eravamo in gara con Eduardo De Crescenzo e la sua *Ancora*. Nonostante in ufficio molti si fossero generosamente offerti di sostituirmi nel caso non me la fossi sentita di portare il pancione fino a Sanremo, dichiarai che non erano necessarie tutte quelle premure, mi sentivo benissimo. Fu più difficile convincere mio marito, che, apprensivo, temeva che «nelle tue condizioni» la trasferta ligure mi sarebbe costata troppa fatica. A dire il vero le sue ansie non erano infondate, dal momento che gli anni precedenti mi aveva vista riemergere dalle fatiche sanremesi con occhiaie profonde e un equilibrio psicofisico gravemente compromesso. Gli promisi che questa volta sarei stata più cauta, avrei lavorato di meno e, soprattutto, sarei girata alla larga dalle cattive compagnie nottambule per andare a letto presto.

Mi impegnai al massimo per tenere fede alla promessa, ma una sera al Casinò feci una scoperta che vanificò d'un colpo tutti i buoni propositi: la panza portava fortuna. Ero con il mio collega Fabio Boldi che, non appena si accorse dei poteri quasi magici del pancione, venne a prelevarmi in camera ogni sera per andare a giocare. Io, ovviamente, non opponevo nessuna resistenza. Più di una volta fui sul punto di addormentarmi al tavolo o davanti al display delle slot-machine, ma finché la dea bendata stava dalla mia parte nessuno poteva scollarmi dalla sedia. Non vinsi mai tanto come in quei giorni. Quando rientrai a Milano, aprendo la porta di casa annunciai a mio marito: «Caro, nelle ultime notti nostra figlia si è pagata gli studi dalla scuola materna alla laurea». Quindi mi buttai sul letto e dormii per due giorni di seguito.

Di tutte le edizioni sanremesi, quelle organizzate da Gianni Ravera furono senza dubbio le migliori. Ravera aveva un talento innato per riconoscere i successi: quando era lui a dire l'ultima parola sulla scelta delle canzoni si poteva stare certi che il Festival avrebbe riservato emozioni speciali. È stato un grandissimo animatore nel panorama della musica popolare. Instancabile orchestratore di eventi, ha creato o dato un contributo decisivo a manifestazioni che si svolgevano in tutta la penisola: la Caravella dei Successi a Bari, la Gondola d'Argento a Venezia, il Festival di Castrocaro, il Festival di Sanremo. Io rispondevo sempre con entusiasmo ai suoi inviti perché sapevo di trovare pane per i miei denti, artisti interessanti, un eccitante fermento di novità e proposte. Gianni era uno che riconosceva le potenzialità di una canzone o di un artista lontano un miglio, prima di chiunque altro: le sentiva in modo oscuro ma inequivocabile, pareva un segugio che fiuta nell'aria l'odore della selvaggina.

Come tutti gli innovatori e i rivoluzionari era anche un gran testardo, cosa che dimostrò, trionfando sugli scettici, con Eros Ramazzotti. Lo aveva preso per il Festival di Castrocaro, che allora era un'importante vetrina per giovani artisti, un po' come lo sono oggi *X Factor* o *Amici*. Eros vi partecipò all'inizio degli anni Ottanta ma, nonostante l'entusiasmo e la fiducia di Gianni, non ottenne grandi risultati e non riuscì a smuovere l'interesse delle case discografiche più importanti. Ravera non si arrese e tanto fece che riuscì a farlo ingaggiare da una piccola etichetta, la DDD. Poi, nel 1984, lo fece partecipare a Sanremo, dove cantò *Terra promessa*, il cui testo era stato scritto da Eros stesso insieme a mio marito, Alberto Salerno, mentre Renato Brioschi aveva lavorato alla musica. Ricordo molto bene Ramazzotti agli esordi. Era un ragazzino riccioluto, con una faccia molto pulita e l'aria quasi sperduta: nonostante la sua inesperienza e un po' di incertezza, emanava un forte carisma. La prima volta che si esibì al Festival dissi ad Alberto che secondo me sarebbe arrivato tra i primi nelle giovani proposte. Così avvenne e, da quel momento, Eros cominciò la sua ascesa verso un incredibile successo. Visti i risultati, Gianni aveva fatto bene a insistere.

Un altro grande merito di Ravera fu quello di portare al Festival Vasco Rossi. I fan più giovani di Vasco forse faranno fatica a immaginare il loro idolo in un contesto ingessato come Sanremo, ma quello dei primi anni Ottanta non era il Festival di oggi, e Ravera lavorava a fondo perché l'evento mantenesse un contatto forte con la scena musicale contemporanea e con le novità che proponeva. Vasco era un ragazzone dall'aria poco raccomandabile: capelli lunghi e giubbotto di jeans, poteva essere scambiato per un teppistello di periferia qualunque. Cantava in un modo tutto suo, un po' rauco, perfino stonato. I testi delle canzoni erano perfettamente in linea con la sua aria da personaggio maledetto: *Vado al massimo* nel 1982 e *Vita spericolata* l'anno successivo. Insomma, ci credevi che uno del genere dicesse quelle cose, che le avesse davvero pensate e vissute. Vasco era un cazzotto allo stomaco, un'interferenza, stava al Festival di Sanremo come il cavolo a merenda, eppure funzionava. Eccome se funzionava. Non riuscivi a capire cosa ti piacesse di lui, ma volevi starlo a sentire. Anche stavolta Ravera aveva stupito tutti con un colpo di scena. Come spesso succede, il pubblico ci mise un po' ad assimilare la novità, ma intanto lui aveva gettato il suo seme e sapeva che prima o poi sarebbe germogliato.

Sanremo non è più stato lo stesso dopo Ravera. Senza voler dare giudizi di valore, c'è un dato di fatto incontestabile: nel corso del tempo il Festival ha cambiato pelle per adattarsi alla televisione. All'improvviso il mezzo aveva fagocitato il suo contenuto e ben presto tutto lo spettacolo fu ripensato in funzione dei tempi televisivi e dei gusti dei telespettatori. La rincorsa all'audience, negli anni Novanta, si è quindi tradotta in un cambiamento sostanziale nei criteri di selezione degli artisti. Bandito quasi del tutto il coraggio di sperimentare e di guardare al nuovo, si è aperta la caccia ai nomi celebri, cantanti già noti al grande pubblico e in grado di fidelizzarlo. La dura legge dell'Auditel non permetteva deroghe. Così, mentre prima Ravera sceglieva la canzone, indipendentemente da chi l'avesse scritta e da chi la cantasse, si è cominciato a privilegiare la scelta dell'artista, spesso prescindendo dal fatto che presentasse un pezzo davvero convincente, originale. Il Festival della canzone italiana si è trasformato in questo modo nel Festival dei cantanti italiani.

7.
Nicola e Alberto Salerno

Nicola Salerno, detto Nisa, era un nome leggendario alla Ariston. Quando cominciai a lavorare lì, nel 1967, circolava a piede libero negli uffici ed era praticamente impossibile non accorgersi della sua presenza. Arrivava e immediatamente se ne sentiva la voce risuonare per i corridoi. Napoletano fino al midollo, aveva il dono delle pubbliche relazioni, rivolgeva la parola a tutti, conosciuti e sconosciuti, e per tutti aveva un saluto, un motto, una battuta. Parlava con un forte accento partenopeo, che non era riuscito a perdere neanche dopo i molti anni passati a Milano. A volte anzi parlava proprio in dialetto e il suo interlocutore, nonostante non capisse un accidenti perché magari veniva da Bergamo, non poteva fare a meno di starlo ad ascoltare. Aveva questo potere, Nicola, di affascinare le persone. La sua era una personalità esuberante che si esprimeva in ogni gesto, in ogni parola e, naturalmente, anche nell'aspetto. Come ogni napoletano di buona famiglia, teneva tantissimo all'eleganza. Indissava solo abiti di sartoria, camicie fatte su misura, scarpe sempre impeccabilmente lucide. Era facile intuire che prima di uscire la mattina passasse ore a studiare l'abbinamento giusto: la cravatta, i calzini, il fazzoletto da taschino avevano sempre un motivo più che valido per trovarsi al loro posto. Una volta lo vidi soffiarsi il naso e notai che persino il fazzoletto da naso riprendeva la fantasia della cravatta. I capelli erano pettinati con una precisione degna di un ingegnere: tirati indietro con la brillantina, non si muovevano nemmeno con la bora. Insomma, Nisa era un uomo d'altri tempi. Era nato nel 1910 e non aveva mai indossato un paio di jeans in vita sua.

Me lo presentarono un giorno al bar dove si servivano ogni mattina i dipendenti della Ariston prima di entrare in ufficio. Feci il grave errore di accettare il caffè che mi voleva offrire, diventando immediatamente suo ostaggio. Dopo un'ora stavo ancora lì ad ascoltarlo e conoscevo ormai tutte le tappe principali della sua vita. Era arrivato a Milano negli anni Trenta e aveva cominciato a lavorare come illustratore, dipingendo gli acquerelli che allora si usava mettere sulle copertine degli spartiti. Poi, un giorno, era stato messo alla prova come compositore di testi ed era andata bene. Da lì aveva preso il via la sua carriera di autore, costellata di una serie sterminata di successi: *Eulalia Torricelli*, *La bambola rosa*, *Tu vuo' fa' l'americano* e tante altre canzoni di Carosone, *Non ho l'età* scritta su misura per la

Cinquetti. La sua inventiva inesauribile prendeva spunto da qualsiasi cosa. Diceva che a volte si ritrovava a scrivere persino al cinema e infatti *Tu vuo' fa' l'americano* gli era stata ispirata dal film *Un americano a Roma* di Steno, con Alberto Sordi. Viveva immerso in un continuo flusso creativo, e non era raro sentirlo parlare o cantare da solo. Era un vulcano, proprio come il Vesuvio della sua Napoli, ma diversamente da quello le sue eruzioni erano frequentissime e con esiti immancabilmente felici.

Quel giorno, al bar, fui conquistata. La mia pausa caffè si protrasse per più di un'ora: in ufficio mi attendevano rotture di balle da sbrigare con urgenza, ma me ne ero scordata completamente. In seguito, ogni volta che Nisa compariva alla Ariston, uscivo dalla mia stanza per andare a salutarlo e scambiare quattro chiacchiere. Ci intendevamo al volo: entrambi caciaroni, umorali, incontinenti.

Prima ancora di conoscere Alberto, ne avevo sentito parlare da Nicola stesso. Era orgogliosissimo di lui e dell'altro figlio, Massimo. Entrambi avevano seguito le sue orme e già lavoravano come autori di testi: quando parlava di loro gli si illuminava lo sguardo.

Anche a me si illuminò lo sguardo, credo, la prima volta che vidi Alberto. Bello e riservato, così diverso da suo padre da non sembrare neanche suo parente: tanto il primo era solare ed esuberante, tanto il secondo composto e serio, al punto da sembrare perennemente concentrato in chissà quali gravi pensieri. Tanto suo padre era di un'eleganza démodé, tanto lui era trasandato e capellone, come imponeva la moda degli anni Sessanta.

Lo conobbi una sera uscendo dall'ufficio. Io ero con Nisa e lui ci venne incontro, magrissimo, addosso un paio di jeans e un giubbetto di pelle nera. Nel momento in cui Nicola me lo presentò, tutto orgoglioso, mi maledissi per non aver rubato e messo in pratica nessuno dei segreti di bellezza della fidanzata di Guido Ardizzone. Ma quando Alberto disse di avere appena sedici anni, ebbi orrore di me stessa: «Ommioddio! Ma è un ragazzino!». Io ne avevo venticinque, c'era quasi un decennio a separarci. Di conseguenza mi costrinsi a soffocare ogni pensiero men che casto.

Poi Alberto cominciò a lavorare alla Ariston, perciò mi capitava di incontrarlo spesso in ufficio e, nonostante tutti i buoni propositi, non potevo fare a meno di ripetermi che il ragazzo si faceva ogni giorno più carino, e prometteva di diventare davvero un uomo affascinante. Era spesso accompagnato dalla sua ragazza, una biondina molto graziosa che, si vedeva lontano un chilometro, era innamorata persa e pendeva dalle sue labbra. Quella era la sua fidanzata «ufficiale»: titolo scomodo, dal momento che presupponeva la presenza di un numero indefinito di agguerrite e insidiosissime «non ufficiali» da cui difendersi. Alberto era uno che piaceva, insomma: di sicuro, tra il fascino del musicista e quel suo modo di fare riservato a dargli un'irresistibile aria di mistero, non aveva alcun problema a conquistare le donne.

Inutile dire che quella fama di sciupafemmine riempiva il cuore napoletano di Nisa, gongolante di orgoglio paterno. Ma, da un certo punto in poi, le conquiste amorose passarono in secondo piano di fronte alla soddisfazione dei ripetuti successi professionali. Con il tempo, infatti, Alberto aveva cominciato a farsi notare in azienda: sentivo parlare molto bene di lui, si diceva che avesse ereditato il talento di paroliere del padre e, nonostante la giovane età, era tenuto in grande considerazione. Nel 1968 scrisse *Avevo un cuore (che ti amava tanto)* per Mino Reitano, la sua prima prova come autore: Mino la presentò al Cantagiro – dove io lo accompagnai – e la canzone ottenne un buon successo.

Nel 1969, quando lasciai la Ariston per la Numero Uno, persi un po' di vista Alberto.

Lo rividi in una triste circostanza: i funerali di suo padre. Ricordo che quando mi comunicarono la morte di Nisa ero al lavoro con alcuni colleghi: la notizia ci colpì tutti. Nicola Salerno era una leggenda nel campo, per le qualità professionali, ma anche – combinazione rara – per quelle umane. Fu subito evidente che la sua mancanza si sarebbe fatta sentire. Io lo avevo conosciuto solo due anni prima e mi sentivo fortunata per quel tempo, pur breve, che mi era stato concesso di godere della sua presenza in questo mondo.

Partecipai ai funerali, affollatissimi e commoventi, ma non riuscii ad avvicinare Alberto. Lo intravidi all'uscita della chiesa, che dava il braccio a sua madre, e mi sembrò che di quell'aria da ragazzino che conoscevo non ci fosse improvvisamente più traccia.

Non sapevo che di lì a qualche mese sarebbe stato lui a cercarmi. Mi telefonò un giorno alla Numero Uno e mi salutò: «Ciao Mara, sono io», come se per tutto quel tempo non avessimo fatto altro che scambiarci telefonate, e mi chiese se potevo far avere un colloquio a lui e suo fratello per il reparto editoriale.

La Numero Uno era ancora un'etichetta giovane, ma già faceva parlare di sé con proposte coraggiose e sperimentali. Era una fucina di idee e di talenti: comprensibile che i fratelli Salerno ambissero a farne parte. Li presentai a Franco Daldello, responsabile delle edizioni, e furono assunti entrambi come autori.

Così, da un giorno all'altro, io e Alberto cominciammo a vederci quasi tutti i giorni. Ci incrociavamo lungo i corridoi della Numero Uno, o al bar sotto gli uffici. Lui era sempre molto galante, puntualmente mi offriva la colazione e si tratteneva a chiacchierare con me dopo l'orario di lavoro. Mi dava passaggi fino a casa con la sua

Mini e faceva in modo di percorrere sempre la strada più lunga per passare più tempo insieme. A volte restavamo sotto casa mia a parlare in macchina. Mi mostrava in anteprima i testi delle canzoni e chiedeva consigli che io non mi sentivo in grado di dare. Eppure mi ascoltava sempre con interesse.

Ero lusingata da quelle attenzioni, ma escludevo categoricamente che potesse esserci tra noi altro che una bella amicizia. Mi dicevo che dieci anni di differenza erano davvero troppi, che probabilmente la sua era pura riconoscenza per averlo introdotto in azienda e che ai suoi occhi dovevo sembrare una simpatica vecchia zia. E poi eravamo entrambi fidanzati. Eppure non mi spiegavo come mai ogni volta che passavo del tempo con lui me ne andassi via scombussolata...

Passarono diversi anni, durante i quali ognuno seguì la sua strada. Ma l'ambiente discografico italiano, allora come oggi, è composto da poche centinaia di persone che si conoscono fra loro e si ritrovano periodicamente a una serie di appuntamenti fissi. Così, capitava spesso che il percorso mio e quello di Alberto si incrociassero in occasione di qualche festival o, più banalmente, nei corridoi di una casa discografica. Approfittavamo di questi saltuari incontri per tenerci aggiornati sulle rispettive vite.

Verso la metà degli anni Settanta cambiai posto di lavoro e passai dalla Numero Uno alla

Ricordi. Avevo già conosciuto Gianna Nannini e stavo lavorando duro con lei quando Alberto si rifece vivo. Ci eravamo incontrati per caso, una sera, e, parlando del più e del meno, avevamo scoperto di essere entrambi appena usciti da una storia: io mi ero da poco lasciata con il mio moroso dell'epoca, lui con la celeberrima, storica fidanzata «ufficiale». Ci stupimmo della coincidenza, ne approfittammo per riderci un po' su e, al momento di salutarci, pensai che la cosa fosse finita lì.

Evidentemente avevo commesso un errore di valutazione. Una settimana dopo quella conversazione ero in ufficio ad ascoltare un nuovo pezzo della Nannini quando il mio telefono squillò. Risposi abbaiando nel ricevitore il «Pronto!» più seccato e scortese che un essere umano abbia mai detto. Era Alberto: voleva propormi di uscire, io e lui da soli. Grazie a Dio quella sera avevo una cena di lavoro a cui proprio non mi potevo sottrarre, cosa che mi permise di prendere tempo senza dare l'impressione di non essere interessata. Avrei avuto qualche giorno per riflettere sulla proposta, capire cosa era meglio fare e prendere la decisione giusta.

Ancora una volta mi sbagliavo. Il giorno successivo il mio telefono suonò di nuovo e dall'altra parte del filo c'era sempre il giovane Salerno. Sì, gli anni erano passati, il ragazzo era cresciuto ma, rispetto a me, restava sempre tremendamente giovane. Provai a cantargli il ritornello che ben conosceva, il «Non ho l'età» che suo padre aveva scritto per la Cinquetti e che in quel momento, sia pur ribaltato, calzava a pennello per me. «Non hai l'età per cosa?» ribatté Alberto. «Mica ti ho chiesto di sposarmi, non ancora almeno. Devi solo uscire con me una sera, per il momento. Per quanto riguarda il matrimonio, lasciamo fare al destino.»

E in effetti il destino, per mezzo della mia amica Silvana, stava tessendo la sua trama. Io e Silvana ci eravamo conosciute quando, per un periodo, avevamo lavorato insieme. In breve tempo eravamo diventate una la confidente dell'altra e durante le noiose e interminabili domeniche milanesi, essendo entrambe single e non avendo di meglio da fare, avevamo trascorso lunghi pomeriggi chiuse in casa a fumare, concentrate in attività impegnative come la manicure e il pettegolezzo. Poi, qualche anno più tardi, Silvana, che era originaria di Lecce, aveva fatto ritorno in Salento, dove una zia benestante le aveva lasciato una bella eredità che andava gestita e amministrata da vicino. Avevo gioito per lei e un po' meno per me, rimasta di punto in bianco senza amica.

Quando la rividi, in occasione di un suo soggiorno milanese che si sarebbe prolungato per qualche tempo, avevo da poco cominciato a uscire con Alberto. Pur rimanendo dell'idea che la differenza d'età fra noi era davvero troppa, avevo ceduto alla sua corte insistente perché, in fin dei conti, quella tenacia mi lusingava da morire. Appena arrivata a Milano, Silvana si presentò a casa mia con un barattolo di pomodori secchi sott'olio in una mano e un mucchio di tabelle per calcolare il tema astrale nell'altra. Il primo venne subito aperto e rapidamente consumato mentre chiacchieravamo fitto, ciascuna raccontando all'altra tutti gli episodi interessanti e le novità che l'altra si era persa. Le tabelle vennero invece sfoderate nel momento in cui, esaurite le voci «lavoro» e «salute», la conversazione toccò il vasto e complicato campo dell'«amore».

Non feci in tempo a dirle di aver da poco lasciato il mio fidanzato precedente e di essere un po' confusa rigurdo al futuro che lei afferrò le sue carte. «Adesso ci penso io a chiarirti le idee. Basta calcolare il tuo tema astrale. Ricorda: l'astrologia non mente mai; e, soprattutto, non ha segreti per me.» Il suo trasferimento a Lecce l'aveva costretta a lasciare il lavoro e all'epoca, da quelle parti, non era tanto facile per una donna trovare un impiego. Così, per evitare di morire di noia, Silvana aveva cominciato a coltivare una marea di hobby diventando, tra le altre cose, un'esperta astrologa.

La lasciai fare, ma non le dissi nulla di Alberto. Facevo fatica ad ammettere – con me stessa e con gli altri – che, a trentaquattro anni, mi ero lasciata convincere a uscire con un ragazzo di venticinque. E poi non intendevo fornire indizi alla mia amica: se davvero gli astri le raccontavano tutto, allora le avrebbero passato anche quell'informazione. Silvana cominciò a calcolare la posizione dei pianeti, mentre io la osservavo con un sorrisetto scettico stampato in viso. Una volta terminata l'operazione, dopo un attimo di silenzioso studio delle congiunture dei pianeti, la mia amica dichiarò: «Oh, qui sembra proprio che non ci siano dubbi. Gli astri dicono che ti sposi entro l'anno». Non potei trattenermi dallo scoppiarle a ridere in faccia. Mai sentita una baggianata più clamorosa. Quando smisi di sghignazzare avevo le lacrime agli occhi e la pancia che mi faceva male. «Va' là» riuscii a dire, «che non ho nemmeno il moroso!»

Eppure lei insisteva. «Sicura? Non c'è nessuno? Uno con cui esci, anche solo ogni tanto...»

La situazione era talmente assurda che dimenticai i miei propositi di segretezza. «Ma sì, esco con questo... Pensa, ha dieci anni meno di me, io non volevo, ma lui ha tanto insistito. E allora mi sono detta: carino è carino, maggiorenne è maggiorenne... Nel peggiore dei casi passiamo un po' di belle serate insieme. Ma lo scarterei dal gruppo dei possibili futuri mariti. Non credo si voglia caricare per il resto della vita una vecchia come me!»

Per nulla scoraggiata da quelle parole, Silvana cominciò a manifestare un interesse morboso. Chi era? Che lavoro faceva? Di che segno era? Risposi a tutte le domande, ma mi bloccai davanti a quella per lei fondamentale: ascendente? Ma a chi gliene era mai fregato qualcosa dell'ascendente?! Tuttavia, la mia amica fu irremovibile: bisognava rimediare. Tanto disse e tanto fece che mi convinse a organizzare un'uscita a tre. Per l'intera serata esaminò Alberto scrupolosamente, facendo domande mirate e memorizzando le risposte. Al momento di salutarci per rientrare a casa aveva raggiunto il suo obiettivo: conosceva l'ora di nascita del nostro uomo e questo le permise di calcolarne l'ascendente astrale. Quando ebbe finito decretò: «È lui!». «Va' là, che ha dieci anni meno di me!» le ricordai io, liquidandola con una certa sufficienza. Ma Silvana aveva una fiducia incrollabile nelle proprie capacità divinatorie e si limitò a dirmi: «Tu continua solo a uscirci. E lascia fare alle stelle».

Infatti continuai a vedermi con Alberto, del tutto dimentica del responso delle carte di Silvana. Una sera, alla fine di una cena con i fiocchi, di quelle in cui il vino fresco scioglie il sangue e i pensieri, mentre ci godevamo la nottata estiva, calda e piena di stelle, Alberto approfittò dell'atmosfera romantica per chiedermi di partire insieme il weekend successivo. Però, audace il ragazzo. Sebbene fossi in avanzato stato di ebbrezza, conservavo ancora il minimo di lucidità necessaria per realizzare che un weekend fuori voleva dire passare la notte insieme. Va bene che ero una all'avanguardia, emancipata e indipendente... Ma restavo pur sempre una ragazza dei miei tempi: ringraziai, ma dissi che non era possibile. Alberto non si scoraggiò, continuò a corteggiarmi per mesi, fino a quando non rinnovò la richiesta, stavolta alzando la posta in gioco: «Perché non andiamo in vacanza insieme?». A quel punto gran parte delle mie resistenze erano state vinte. Dissi di sì e trascorremmo una fantastica estate in Puglia.

E lì, in quella cornice così suggestiva, solo pochi mesi dopo che avevamo cominciato a uscire, Alberto mi fece una proposta di matrimonio che suonava più o meno così: «So che "non ho l'età per amarti", me l'hai detto mille volte... E forse è anche vero: io ho solo venticinque anni, tu ne hai dieci di più. Ma guardiamola da un altro punto di vista: non ti restano molte cartucce da sparare, anche se sei ancora giovane e bella. Anzi, per qualcuno sei già una tardona. Siccome altri pretendenti non ne vedo in giro, ti consiglio di sposare me, se non vuoi restare zitella per tutta la vita. Sarò il bastone della tua vecchiaia». Credo che discorso più romantico non sia mai stato pronunciato nella storia dell'umanità. Io ridevo a crepapelle: «Bravo, degno di un grande autore di canzoni d'amore!» gli dicevo. Non avevo ancora capito che la proposta era seria.

Ci sposammo in dicembre, alla fine dell'anno. Quando uscii dalla chiesa, raggiante al braccio di Alberto, la mia amica Silvana mi tirò per una manica e mi disse: «Allora, ci credi adesso nei pianeti?».

8.
Il Sessantotto

Proprio nel periodo in cui affrontavo le mie prime settimane da impiegata della Ariston, Milano, come molte altre grandi città europee, entrava in un periodo di fermento nuovo, che nasceva dalle università ma prometteva di riversarsi nel giro di pochi mesi fuori dal ristretto mondo accademico. Personalmente non frequentavo l'ambiente studentesco, ma era impossibile, anche per un normale lavoratore, non captare quell'irrequietezza che pervadeva tutta la società. I segnali, in alcuni casi, erano talmente evidenti che anche un cretino sarebbe stato in grado di coglierli.

Una mattina di novembre 1967, uscendo di casa per andare in ufficio, trovai la città invasa di giovani. Protestavano per lo sgombero di un'occupazione in Cattolica. Io, troppo presa dal mio nuovo lavoro, non ero molto informata sui fatti, ma alla radio avevo sentito che la polizia era intervenuta e, a quanto pareva, non era andata tanto per il sottile. Agli studenti, quindi, se non altro per ragioni anagrafiche, andava la mia simpatia incondizionata. Ma quella mattina avevo un appuntamento importante ed ero già in ritardo. Malauguratamente il corteo sfilava per un tratto lungo lo stesso percorso che mi portava da casa alla sede della Ariston. Incapace di attendere con calma, sul tram bloccato, che la manifestazione ci lasciasse via libera, mi feci aprire le porte e scesi in strada. Mi inoltrai nel corteo e cercai di procedere tra la folla facendomi largo a forza di gomitate. La pazienza non è mai stata il mio forte.

In quel momento non mi importava niente di contestazioni, proteste e lotte per i diritti. In quel momento la massa umana che mi circondava era solo un ostacolo. E la cosa mi mandava in bestia. Maledissi gli studenti e le loro rivendicazioni mentre a fatica nuotavo in un mare di corpi, tra striscioni colorati e slogan che inneggiavano alla fantasia al potere e al diritto di vivere liberamente. Ciò che volevo era poter fare il mio lavoro. Avrei voluto gridare a tutti che si togliessero di mezzo, perché io cosa fare della mia vita lo sapevo già. Alla fine riuscii a sbucare in una via laterale e da lì a raggiungere l'ufficio con un ritardo minimo rispetto all'ora dell'appuntamento.

I ragazzi che avevano protestato quella mattina dimostrarono però di avere la pelle dura e le manifestazioni non si fermarono, tanto che nel giro di un anno tutte le facoltà sarebbero state occupate.

Ciò che spingeva alla ribellione i giovani,

che invocavano uno sviluppo sociale e culturale al passo con la crescita economica del Paese, cominciò a farsi sentire anche in ambito musicale determinando una svolta importante nel panorama della canzone italiana che, fino ad allora, aveva avuto come tema principe, intramontabile e pressoché unico l'amore: gioioso, tormentato, combattuto... L'importante era che il testo si mantenesse entro i limiti della decenza. All'epoca, infatti, esisteva ancora una censura sui pezzi che venivano trasmessi in tv o alla radio, per cui l'amore andava bene solo se declinato nelle sue versioni «morali» e socialmente accettabili, cosa che riduceva sostanzialmente le possibilità a due: il matrimonio e l'amore platonico. Non si poteva alludere a passioni torbide, tradimenti o rapporti prematrimoniali: non fu un caso, quindi, se nel 1967 due brani di Fabrizio De André, *Bocca di rosa* e *Via del Campo*, furono bloccati dalla Commissione d'Ascolto per gli espliciti richiami a prostituzione e sesso libero. Guai ad attentare alla moralità dei cittadini mettendo loro in testa pensieri peccaminosi!

Ai giovani, soprattutto quelli più preparati e più intraprendenti, non restava che attingere dall'estero.

All'inizio molte canzoni venivano importate sotto forma di traduzioni. L'epoca delle multinazionali era ancora di là da venire, perciò le case discografiche italiane compravano dalle etichette straniere i pezzi che ritenevano più adatti, li traducevano e li facevano incidere ai loro artisti. Questo fu il caso, ad esempio, di *Pregherò* di Celentano, adattamento dalla *Stand By Me* di Ben E. King e, ancora, di *Sono bugiarda*, versione italiana di *I'm a Believer* dei Monkees cantata da Caterina Caselli.

Così come il rock e il jazz erano arrivati dall'America, in campo musicale anche la rivoluzione e la contestazione arrivarono dall'estero. La prima ondata fu quella pacifica degli hippie. Erano gli anni della guerra in Vietnam e Joan Baez e Bob Dylan cantavano canzoni pacifiste e predicavano l'amore universale.

Intanto, in Inghilterra, Beatles e Rolling Stones erano definitivamente esplosi, cambiando per sempre il mondo della musica leggera.

Nelle sue espressioni artistiche il movimento del Sessantotto italiano, tuttavia – anche per una vicinanza geografica e culturale – aveva molto più in comune con quello francese che con quello anglosassone. Cantautori come Leo Ferré e Georges Brassens furono presi a modello soprattutto dalla scuola genovese: Fabrizio De André, Gino Paoli, Bruno Lauzi e Luigi Tenco. I temi cari a questi autori erano la libertà e lo smarrimento dell'uomo contemporaneo. Un atteggiamento più intimista e raccolto rispetto a quello aggressivo ed entusiastico dei contestatori, ma che già presupponeva una visione decisamente anticonformista.

Gli effetti del Sessantotto si fecero sentire

con evidenza sempre maggiore negli anni seguenti, con la nascita di un tipo di musica che venne definito «impegnato». Con questo termine si volevano definire in maniera secondo me un po' imprecisa e sbrigativa quegli artisti che, nelle loro canzoni, proponevano una visione «politica» del mondo, come i New Trolls, i Nomadi, oppure gli Stormy Six e Claudio Rocchi, entrambi prodotti dalla Ariston. Si faceva strada l'idea che la musica non dovesse solo intrattenere, ma anche indurre a una riflessione, a una presa di coscienza, se non addirittura essere strumento di lotta. Insomma, era oramai evidente a tutti che «fiore» non faceva più rima con «cuore».

Uno dei motivi più frequentati dalla nuova generazione era quello del viaggio, direttamente connesso all'idea di libertà. Claudio Rocchi, ex bassista degli Stormy Six, nel 1970 pubblicò il suo primo disco solista, *Viaggio*, una sorta di precursore di tutto il filone legato a questo tema, cui si richiama anche *Io vagabondo*, scritta un paio d'anni dopo da mio marito Alberto per i Nomadi.

Nel 1969 ero a Venezia in occasione della Gondola d'Argento, manifestazione organizzata da Gianni Ravera, e rimasi colpita da Georges Moustaki, che presentò *Lo Straniero*. Un testo davvero splendido, tradotto in italiano da Bruno Lauzi. A essere sincera, a catturare la mia attenzione non fu solo la canzone, ma anche l'interprete. Era un uomo estremamente affascinante, con una vita avventurosa alle spalle: nato in Egitto da genitori originari di Corfù, viveva in Francia ed era stato il compagno di Edith Piaf. Era in tutto e per tutto lo straniero girovago e sognatore descritto nella canzone e incarnava alla perfezione lo spirito dei tempi. Mi capitò di incontrarlo una sera seduto al tavolino di un bar all'aperto. Rimasi folgorata dal suo sguardo misterioso e dal suo volto segnato dalla vita: mi piazzai poco distante, a un tavolo dal quale potevo godere di una perfetta visuale su di lui, e passai ore a fissarlo ripetendo alle persone che erano con me: «Che forte!... Quanto è bello!...». Mi resi conto di avere esagerato solo quando lui si voltò verso uno dei suo collaboratori e indicandomi disse: «Adesso, se cortesemente me la togliete da davanti, mi fate un favore».

Tuttavia non furono (solo) segnali sottili e raffinati come i testi delle canzoni o l'atteggiamento degli interpreti a far capire a noi addetti ai lavori che le trasformazioni in corso sarebbero state radicali e irreversibili. A suonare la sveglia nel mondo della discografia furono i fischi dei ragazzi e lo spappolarsi dei pomodori lanciati in occasione di eventi che prima riscuotevano un successo entusiasta e unanime e che all'improvviso diventarono bersaglio di violente contestazioni.

Un caso emblematico in questo senso fu quello del Cantagiro. Fino al 1968 era stato il grande evento che aveva unito l'Italia sotto il segno della musica popolare. Io lo vissi sul campo per la prima volta proprio nel 1968: in qualità di ufficio stampa della Ariston accompagnavo Mino Reitano, in gara con *Avevo un cuore*, una delle prime prove come paroliere di Alberto.

Mino era una persona squisita, sempre educatissimo e gentile, ma tremendamente ansioso. Oltre a organizzare interviste e incontri con la stampa, perciò, buona parte del mio tempo lo spendevo per rassicurarlo e tenere sotto controllo la sua apprensione. Un'ampia visibilità gli era arrivata solo da pochi anni, ma poteva vantare già una lunga carriera che lo aveva portato fin da bambino in giro per locali insieme ai suoi numerosi fratelli, prima in Calabria e poi in Germania. Questa gavetta prolungata gli aveva forse fatto dubitare di poter raggiungere il successo, e il timore a volte tornava a galla anche negli anni della massima popolarità, quando la gente lo fermava per strada per chiedergli un autografo. Inizialmente, l'ansia di Mino mi diede qualche problema. Ero alle prime armi, non avevo esperienza: insomma, se c'era qualcuno bisognoso di rassicurazioni e conferme quella ero io. Ma non mi era consentito dare segni di debolezza, così mi armai di una corazza bella spessa e mi buttai nella difficile missione di gestire un cantante in fibrillazione mantenendomi in equilibrio sul crinale che permette di calmare le paure senza dare false illusioni. Già, perché sono sempre stata convinta che narcotizzando eccessivamente le ansie degli artisti si rischia di privarli dello slancio necessario ad affrontare una prova con il massimo della grinta.

Durante il Cantagiro ci si spostava da una piazza all'altra, su e giù per lo stivale, senza mai fermarsi, tutti intruppati in una vera e propria carovana di automobili messe a disposizione dall'organizzazione o da qualche sponsor. Oltre a noi oscuri e anonimi addetti ai lavori, su quelle macchine viaggiavano i cantanti che, a ogni tappa, trovavano una vera e propria folla in delirio pronta ad accoglierli con grida festanti. Tanto entusiasmo si spiega anche con il fatto che all'epoca la televisione non era onnipresente come oggi, e quella specie di tournée collettiva rappresentava per molti l'unica occasione di vedere e ascoltare dal vivo, in carne e ossa, i propri interpreti preferiti.

Gli artisti erano oggetto di una vera e propria adorazione, che in alcuni casi sfiorava il fanatismo. Ricordo che, in quel famoso 1968, alla gara partecipava anche Gianni Morandi con *Chimera*, che si piazzò seconda: ebbene, le madri portavano i loro bambini e li allungavano verso di lui perché li toccasse, manco fosse in grado di guarirli o di trasmettere una particolare benedizione per proteggerli dalle disgrazie. Morandi si sottoponeva al rituale con pazienza e dedizione, dispensando sorrisi e autografi e ogni tanto prestandosi anche al ruolo di santo protettore, con una mano allungata sulla testolina di qualche bimbo inconsapevole. Lui era molto giovane: in quel periodo era ancora impegnato con il servizio militare e, per partecipare al Cantagiro, aveva dovuto chiedere una licenza. Una situazione inimmaginabile al giorno d'oggi. Molti ricorderanno le sue immagini in divisa, magari vicino a Laura Efrikian, che all'epoca era sua moglie da un paio d'anni. Fu in quell'occasione che conobbi Gianni: ci prendemmo subito in simpatia, riconoscendo l'uno nell'altra lo stesso spirito emiliano, brioso e diretto. Quando capitava di incrociarsi ne approfittavamo per scambiare qualche battuta tra compaesani, magari in dialetto per non farci capire dal resto della truppa.

Insomma, il Cantagiro era la rappresentazione dell'Italia del boom: ottimista, allegra, desiderosa di divertirsi. Suscitava gli stessi entusiasmi del Giro d'Italia, di cui possedeva il medesimo carattere itinerante. Solo che nel nostro caso si andava tutti alla stessa velocità e si arrivava tutti insieme.

Quando l'ottimismo e l'allegria del Paese cominciarono a incrinarsi e scricchiolare, accadde lo stesso al Cantagiro. Il primo episodio di contestazione si verificò, non ricordo più se nel 1968 o nel 1969, a Perugia. Alcuni studenti si radunarono ai bordi della piazza e presero a lanciare oggetti in direzione dei cantanti urlando loro di andare via. Per i ragazzi quello spettacolo non era diventato solo l'emblema di un vecchio modo di fare musica, ma anche di tutto un sistema culturale ormai trapassato. *Borghese*, dicevano. La maggior parte della gente continuava a seguirci e non capiva gli attacchi degli studenti, ma da allora in poi scene di questo tipo si ripeterono spesso.

La contestazione, unita a una sempre maggiore diffusione della televisione, ormai presente in quasi tutti i salotti del Paese, segnò la fine del Cantagiro. Nel momento in cui una manifestazione poteva essere trasmessa in diretta televisiva contemporaneamente in tutta Italia, non aveva più senso mettere in piedi una macchina complessa e costosa che per venti giorni teneva impegnati decine di cantanti, tecnici e addetti ai lavori.

Anche il Festival di Sanremo, che pure riuscì a rinnovarsi e sopravvivere al Sessantotto, in quegli anni fu attaccato e duramente criticato per il suo essere organico a un sistema che in molti ormai rifiutavano e volevano smantellare. Sanremo, proprio come il Cantagiro, rappresentava la tradizione e in quanto tale andava combattuto.

Nel 1969 l'atmosfera tesa che si respirava al Festival era perfettamente in sintonia con il mio stato d'animo personale: ero ancora sconvolta per il tentato suicidio di Anna Identici, e di sicuro le tensioni sociali e politiche che giravano intorno al Casinò non favorivano la concentrazione sulla gara e sulle performance dei cantanti della Ariston, Rosanna Fratello (che sostituiva appunto Anna) e Mino Reitano, che cantava *Meglio una sera (piangere da solo)* di Nisa e Alberto.

Sanremo fu blindata per scongiurare possibili scontri o contestazioni: in quei giorni andarsene in giro comportava uno slalom estenuante tra poliziotti, carabinieri e guardie private. Sembrava, più che la cornice di un festival canoro, uno scenario di guerra. Gli organizzatori erano stati allertati e si era ventilata persino l'ipotesi di far svolgere la gara al mattino e mandarla in onda la sera, per depistare i facinorosi. Alla fine non ce ne fu bisogno: i contestatori, forse scoraggiati dall'imponente dispiegamento di forze, non si fecero vedere e tutto si svolse secondo programma.

A distanza di anni, per fortuna, ciò che di quell'edizione di Sanremo tutti ricordano non sono le manifestazioni o le proteste, ma la prima e ultima volta al Festival di Lucio Battisti, che presentava *Un'avventura*.

9.
Battisti, il Numero Uno

Nel 1969 passai dalla Ariston alla Numero Uno, casa discografica che, prima ancora di esordire sul mercato, aveva già alle spalle una storia densa. Nasceva da una costola della Ricordi e questo le conferiva un'autorità insolita per una nuova arrivata. Nanni Ricordi, fondatore dell'omonima etichetta, è stato infatti un grande scopritore di talenti, capace di lanciare artisti del calibro di Giorgio Gaber, Sergio Endrigo, Gino Paoli, Umberto Bindi, Enzo Jannacci, e di dare alla sua azienda, che partiva dalla tradizione della classica e della lirica, un ruolo fondamentale anche nella nascita e nello sviluppo della musica leggera italiana.

Tuttavia, la crescita del comparto discografico rispetto a quello delle edizioni musicali determinò, all'interno della Ricordi, alcune tensioni che con il tempo divennero vere e proprie fratture e che videro tra i principali protagonisti Giulio Rapetti, più famoso con il nome d'arte di Mogol, allora impiegato nel settore Edizioni dell'azienda. Grazie alla sua intraprendenza, era riuscito a stringere nuovi contatti con case discografiche americane, su licenza delle quali aveva tradotto diverse canzoni, incise poi da artisti italiani. Il suo raggio d'azione si era venuto così estendendo e aveva superato i confini ormai angusti del campo editoriale per spingersi nell'ambito più specificamente discografico. Il fervore creativo e l'audacia del giovane Rapetti cominciarono a suscitare non pochi grattacapi ai responsabili della Ricordi, in primis a Guido Rignano, amministratore delegato e direttore generale della casa milanese. In breve, finì che le diverse opinioni circa il grado di autonomia da lasciare a Mogol e al gruppo che lavorava con lui spinsero alcuni uomini della Ricordi, tra cui Mariano Rapetti, padre di Giulio e figura importante all'interno dell'azienda, a creare una casa discografica indipendente.

Fu così che, nel 1969, nacque la Numero Uno. Insieme ai Rapetti, nella nuova etichetta confluirono alcuni dei migliori elementi delle Edizioni Ricordi, tra cui Alessandro Colombini, Franco Daldello, Carlo Donida e Lucio Battisti. Quest'ultimo, spinto dall'insistenza dell'amico Mogol, aveva cominciato da poco a cantare le canzoni che prima scriveva per altri. Quando nacque la Numero Uno era ancora vincolato alla Ricordi e fu per questo che, negli anni immediatamente successivi e fino allo scadere del contratto, i dischi di Lucio continuarono a uscire per il marchio diretto da Rignano. Per le edizioni dei suoi pezzi, invece, Battisti si affidò da subito alla Numero Uno.

Tutta questa storia era abbastanza conosciuta tra noi addetti ai lavori, ma mi fu raccontata per esteso e nei dettagli da Sandro Colombini, cofondatore della Numero Uno ed ex direttore artistico in Ricordi. Lo conoscevo perché ci eravamo visti diverse volte a gare e manifestazioni varie e in quelle occasioni avevamo scambiato qualche parola entrando subito in sintonia.

Ebbi la fortuna di incontrarlo ancora, per caso, poche settimane dopo la nascita della Numero Uno. «Che ne diresti di venire a occuparti di promozione da noi?» mi chiese a un certo punto. La proposta arrivò così inaspettata che restai senza parole. Dopo qualche vano tentativo di formulare una frase, smisi di balbettare e mi limitai a fissare Colombini con uno sguardo stupito. Lui scoppiò a ridere. «Non sei obbligata a decidere subito. Prenditi un po' di tempo e rifletti.» Scrisse sul retro di un biglietto del tram numero di telefono e indirizzo della casa discografica e mi salutò dicendo che potevo andare a trovarli quando volevo.

La proposta mi emozionava e mi eccitava a tal punto che il mattino dopo entrai nell'ufficio di Alfredo Rossi e gli annunciai che mi licenziavo. Lui cercò in tutti i modi di trattenermi: disse che lì alla Ariston avevo fatto un buon lavoro, che avevo serie possibilità di avanzamento... Che garanzie poteva dare, invece, un'etichetta appena nata come la Numero Uno? Volevo forse un aumento? No, non volevo un aumento. Alla Ariston avevo un lavoro sicuro e uno stipendio buono, dall'altra parte un bel carico di incertezze. Eppure l'idea di lavorare con Mogol e Battisti era una tentazione irresistibile. Sentivo che insieme avrebbero fatto grandi cose, aperto strade innovative: e volevo esserci anch'io. Optai per le incertezze, come l'istinto mi aveva suggerito sin dall'inizio.

L'addio alla Ariston non fu facile: ero molto legata all'azienda e alle persone con cui avevo lavorato e da cui avevo imparato tutto ciò che sapevo del mondo discografico. Alfredo Rossi capì che non aveva senso insistere, e alla fine si arrese. Mi accompagnò alla porta e mi augurò buona fortuna tendendo la mano. Io gliela strinsi, ma poi, commossa, lo abbracciai. Lui rimase un po' interdetto prima di ricambiare l'abbraccio solo per un secondo, perché subito si ricompose e mi intimò di filare via. Così, dopo aver liberato la scrivania, mi chiusi alle spalle la porta degli uffici Ariston con una scatola di scartoffie tra le braccia e un groppo in gola. Si chiudeva un capitolo della mia vita e se ne apriva un altro.

Il giorno dopo ero già alla Numero Uno, in Galleria del Corso 2, dove Colombini mi accolse a braccia aperte. Fui presentata al signor Rapetti, un uomo bonario, d'altri tempi, che però possedeva l'elasticità e il polso necessari a gestire il caos che regnava allora nei corridoi. In passato aveva scritto anche lui testi di canzoni, ma per lo più, sin dal Dopoguerra, aveva svolto il mestiere di editore: era una vera miniera di sapere nel campo. Proprio come succede in una famiglia, Battisti, Mogol e gli altri autori, cioè la componente creativa dell'azienda, erano i giovani un po' fuori di testa che Mariano Rapetti cercava di imbrigliare, come un genitore che interviene quando necessario per mantenere un minimo di ordine e disciplina.

Mi misero subito all'opera, affidandomi un incarico piuttosto complicato: promuovere *Questo folle sentimento* della Formula 3, il primissimo 45 giri sfornato dalla Numero Uno. Non che il prodotto non fosse valido, tutt'altro: basti dire che la canzone era firmata da Mogol e Battisti. Il problema derivava dalla data di uscita del disco, a estate inoltrata, quando i giochi per la promozione estiva (Cantagiro, Festivalbar e altri concorsi), erano già fatti e spazi liberi non ne rimanevano più. Ero disperata: al mio primo incarico volevo fare bella figura, ma mi rendevo conto di avere di fronte un'impresa davvero ardua.

Pensai di rivolgermi a Vittorio Salvetti, il patron del Festivalbar. Con lui potevo contare su un rapporto diretto, basato sulla stima reciproca e su un comune modo di fare, schietto e pragmatico. Gli portai il 45 giri, neanche fosse una patata bollente, lo posai sulla sua scrivania e gli dissi, testualmente: «Che ne facciamo di questo?». Salvetti aveva molta stima di Battisti, come autore prima ancora che come interprete, e, non appena gli dissi che *Questo folle sentimento* era opera di Lucio, prese il disco e lo ascoltò. Quando il brano finì, passato qualche istante di silenzio, emise il suo verdetto: «Mi piace. E se lo utilizzassimo come sigla del Festivalbar?». Non potevo sperare di meglio.

Questo primo miracolo mi diede la fiducia necessaria per tentare un colpo ulteriore, così mi presentai, disco alla mano, da Renzo Arbore, che faceva un grande lavoro di selezione, proposta e promozione delle novità discografiche con la sua trasmissione radiofonica *Per voi giovani*. Probabilmente quell'estate la fortuna aveva deciso di stare dalla parte di Mara Maionchi, perché *Questo folle sentimento* piacque anche a Renzo, che lo inserì in programmazione. Ebbene, in poche settimane, grazie allo spazio e alla visibilità garantiti da Salvetti e Arbore, il 45 giri della Formula 3 fece il boom di vendite con 380.000 copie nel giro di pochissimo tempo.

Rapetti era molto soddisfatto del mio lavoro e io ebbi l'ennesima conferma che il cambiamento, nella vita, è una scelta sempre azzeccata.

Pochi mesi dopo l'assunzione alla Numero Uno, i miei colleghi e io fummo testimoni di un evento tragico, che segnò la storia del nostro Paese. Era il 12 dicembre ed eravamo tutti al lavoro. Ricordo che in ufficio c'era anche Lucio Battisti: seduto su un divano poco distante dalla mia scrivania, era impegnato a provare sulla chitarra le note di un pezzo nuovo. D'un tratto il tranquillo tran tran lavorativo venne interrotto da un boato fortissimo.

«È una bomba!» Il signor Rapetti uscì subito dalla sua stanza, sconvolto. Noi, che la guerra con le sue bombe non l'avevamo vissuta o eravamo troppo giovani per conservarne un ricordo nitido, lo guardammo scettici. Figuriamoci. Una bomba in pieno centro a Milano. Non era possibile.

Senza badare alle parole di Rapetti, che ci aveva intimato di non uscire, io e la Carlina, la segretaria di Sandro Colombini, scendemmo a vedere cosa era successo. Percorremmo tutta la Galleria incrociando molte persone che correvano in senso opposto al nostro. Arrivate in piazza Fontana ci trovammo davanti uno scenario angosciante. Un po' di fumo si alzava ancora dalla Banca dell'Agricoltura e, tra la folla che si muoveva scomposta, si intravedevano i corpi di alcune persone rimaste a terra. Intorno, l'atmosfera era carica di tensione: sirene, urla, pianti, appelli alla calma. Ma ciò che ricordo più di ogni cosa sono gli sguardi delle persone. In tutti leggevo la stessa espressione terrorizzata, come di chi ha visto la morte troppo da vicino. Tornammo in ufficio senza scambiare una parola e più tardi alla radio sentimmo che effettivamente si era trattato di una bomba. Un attentato terroristico alla Banca dell'Agricoltura che aveva ucciso diciassette persone e ne aveva ferite ottantotto.

Gli anni Settanta cominciavano così, a Milano, sotto il segno delle bombe. Sembrava trascorso un secolo dalle prime contestazioni degli studenti, quelle gioiose, vitali e chiassose, che avevano adottato gli slogan del maggio francese come «La fantasia al potere», «Vietato vietare», «Fate l'amore non fate la guerra», e che al massimo intralciavano il traffico cittadino. Negli ultimi tempi, soprattutto in centro, si respirava un'atmosfera molto più carica di tensione, una rabbia cieca che pareva dover esplodere da un momento all'altro. Lo scontro politico si era radicalizzato.

In un clima del genere numerosi cantanti si sentirono in dovere di fare una scelta di campo. E in molti si buttarono a sinistra, forse perché all'epoca sembrava fondamentale, per farsi accettare da un certo tipo di pubblico, accreditarsi come «impegnato», «progressista», «antagonista». Erano gli anni di massima fioritura della canzone politica, cui spesso veniva dato valore per sé, a prescindere da ogni considerazione di ordine estetico o musicale. Questo atteggiamento fece sì che gli anni Settanta, accanto a perle meravigliose, producessero pezzi che, nati più da fervore militante che da ispirazione artistica, non erano altro che palle tremende, di una noia mortale.

La scelta di tematiche politicamente impegnate, tuttavia, era lasciata alla coscienza degli autori. E in ogni caso io, nella mia attività di capo della promozione stampa, radio e tv, non facevo mai riferimento all'aspetto politico quando dovevo presentare un pezzo a giornalisti e programmatori.

In quegli anni la Numero Uno produceva, oltre alla Formula 3, Bruno Lauzi, Adriano Pappalardo, Oscar Prudente. Ma la star di casa divenne, in brevissimo tempo, Lucio Battisti, che fino alla fine degli anni Sessanta era stato più noto come autore che come cantautore. Lui stesso era convinto di non avere la voce adatta per eseguire i propri pezzi, e non era il solo a pensarla così: le interpretazioni di Battisti, non particolarmente potenti dal punto di vista del suono, a volte al limite della stonatura, lasciavano perplessi molti critici.

Mi raccontarono di questa riunione che si era tenuta quando Lucio e Mogol erano ancora alla Ricordi, nel 1966, per decidere se far incidere o meno un disco a Battisti. Mogol era convinto delle qualità dell'amico e si batté strenuamente, contro tutti, pur di farlo provare. Alla fine uscì il singolo *Per una lira*, che però non ebbe grande successo. Una volta convinti i produttori, comunque, restava sempre da convincere il pubblico, e per questo l'ostinazione di Mogol non era sufficiente.

Dopo aver partecipato a Un disco per l'estate con *Prigioniero del mondo*, che gli fruttò modesti risultati, Lucio si presentò al Cantagiro del 1968 con *Balla Linda*, brano registrato sul retro dello stesso 45 giri. Vinse la tradizionalissima *Rose rosse*, cantata da Massimo Ranieri, però questa volta Battisti ottenne un ottimo quarto posto, che gli diede una certa visibilità. Ma la sua consacrazione definitiva avvenne nel 1969 a Sanremo con *Un'avventura*.

Da lì in poi la strada verso il successo fu tutta in discesa e, come sappiamo, Lucio divenne uno dei cantanti italiani più amati. A conquistare il pubblico era stata proprio quella voce aspra, totalmente priva di abbellimenti e per questo di una modernità estrema. Ma, oltre che nel timbro e nell'impronta inconfondibile come esecutore, la forza di Battisti stava nelle canzoni che scriveva, nella loro struttura innovativa che, abbandonando i formalismi e i canoni tradizionali, sperimentavano soluzioni all'avanguardia, ispirate ai modelli americani più originali.

Quando assunsi l'incarico di responsabile della promozione alla Numero Uno, il problema non era tanto promuovere Battisti, quanto tutelarlo dalla sovraesposizione. Ovunque cercassi di piazzare gli altri artisti della casa discografica bisognosi di farsi conoscere e di guadagnarsi spazi, ricevevo invece richieste per Lucio. Capitava spesso che i responsabili dei programmi radio e tv provassero a barattare qualche concessione ad altri cantanti in cambio di un suo passaggio. Il più delle volte rimanevano delusi perché Battisti, fin dall'inizio, dosò con grande attenzione le sue apparizioni. Quelli però non mollavano, continuavano a insistere, e la parte difficile del mio lavoro, per tutto il periodo alla

Numero Uno, fu quella di togliere dalla testa di certa gente l'ossessione per Battisti. Facevo una fatica enorme a spostare l'attenzione da lui ad altri artisti.

Il fatto di sottrarsi alle luci dei riflettori gli conquistò nel tempo la fama di artista schivo. Per quanto in effetti Lucio fosse un persona abbastanza riservata, la scelta di non mostrarsi troppo non dipendeva solo da un certo tipo di carattere, ma anche da una concezione del mestiere per cui l'artista deve farsi conoscere attraverso le opere e non attraverso la sua biografia. A questo proposito, ricordo che una volta ero in un supermercato proprio con Lucio, in cerca di una bottiglia di vino da portare a degli amici che ci avevano invitati a cena. Mentre ci aggiravamo tra le corsie chiacchierando fra noi, alcuni ragazzi riconobbero Battisti e, avvicinandosi, uno di loro chiese timidamente: «Scusi... Ma lei è Lucio Battisti?». Al che Lucio, con una prontezza di riflessi che mi lasciò interdetta, scoppiò a ridere e ribatté all'istante: «Sì... Magari!». I ragazzi si scusarono e fecero dietrofront, convinti di aver preso una cantonata. E lui, mentre li guardava allontanarsi, rideva sotto i baffi.

Se Lucio poteva permettersi una gestione parsimoniosa della propria immagine pubblica, tuttavia, era anche perché all'interno della casa discografica tutti appoggiavano la sua posizione. Mogol per primo ne era un grande fautore e stava molto attento a che i suoi artisti non subissero intromissioni nel privato. Quando cominciai a lavorare alla Numero Uno, benché fosse più grande di me solo di cinque anni, lui aveva già alle spalle un'esperienza vastissima, che mi trasmise sotto forma di consigli e di esempi concreti nel lavoro di tutti i giorni.

Ciò che più di tutto devo a Giulio, comunque, sono gli insegnamenti su come trattare con gli artisti, questi esseri così pieni di contraddizioni, fragili e potenti allo stesso tempo, capaci di farsi amare e odiare con pari intensità. Sembrerà banale, ma è vero che di frequente chi intraprende questa strada soffre di un profondo malessere: l'artista è colui che si distacca dall'umano consesso per porsi le domande più profonde, che cerca di dare un senso alla vita, di capire il perché dell'odio e dell'amore, della fatica di amare e di essere amati, della difficoltà dell'incontro con l'altro. È probabile che, assorbito da questa ricerca, si perda, e si senta un alieno nel proprio mondo. A ognuno di noi sono capitati momenti del genere, ma la genialità dell'artista, quello per cui dobbiamo essergli grati, è che da questo viaggio negli abissi egli torna con un'opera in grado di arricchire tutti.

Io sono una persona dotata di un estremo senso pratico, una che cerca di liquidare ogni problema con una risata più che mettersi ad analizzarlo. Non sarei mai capace di scrivere canzoni, eppure quando ascolto Battisti, o Tenco o Paoli, non posso fare a meno di emozionarmi. E mi sento fortunata per il fatto che esistano persone dotate di questo talento. L'arte deve comunicare in modo universale, deve toccare chiunque, indipendentemente dal suo grado sociale e culturale. Quando Tenco scrive «Mi sono innamorato di te perché non avevo niente da fare» racchiude in una frase un mondo, una storia intera, riuscendo allo stesso tempo a rendersi comprensibile da tutti. È pura poesia.

Trattando la materia incandescente dell'animo umano, come hanno molti, si può rimanere scottati e restare prigionieri di domande troppo grandi, di abissi troppo profondi. Si finisce con l'ammalarsi del mal di vivere. Penso a Tenco stesso, che si suicidò a Sanremo del 1967, o a Gino Paoli, che tentò anche lui di togliersi la vita e per fortuna non ci riuscì. La pallottola gli si fermò nel cuore e sta ancora lì, insieme ad altri tormenti che non credo si siano placati.

La parte più faticosa del mestiere della promozione, quindi, sta nel fare in modo che il lavoro dell'artista arrivi nel modo migliore a un pubblico quanto più possibile vasto, senza che la cosa porti alla «cannibalizzazione» dell'artista stesso e del suo mondo. Ed è questo che ho imparato da Mogol. Anche perché poi le canzoni, oltre che da esperienze vissute in prima persona, possono essere ispirate da un libro, da un film o dal vissuto di qualcuno che si conosce. Come nel caso del pezzo di Mogol e Battisti *Non è Francesca*, che i due scrissero sotto la suggestione del racconto di un loro amico, uno di quelli che anche di fronte all'evidenza non voleva rassegnarsi al fatto che la sua donna lo tradisse. Da una situazione in cui una come me avrebbe dato fondo al peggio del suo repertorio di battute, loro trassero un capolavoro, il paradigma dell'amore ingenuo e ostinato.

Oggi, purtroppo, noto con tristezza come vengono trattate le notizie sui contanti. C'è, da parte del pubblico, un interesse morboso nei confronti del loro privato, alimentato da giornalisti che male interpretano il proprio mestiere. Un modo di fare che solo apparentemente giova agli artisti, regalando loro copertine e visibilità immediata, ma che a lungo andare ne deturpa in modo irrecuperabile l'immagine e inquina gli aspetti più intimi delle loro vite. Io poi non capisco che interesse possa esserci nel sapere quello che fanno le persone nel privato, al riparo delle quattro mura di casa. Cosa mangiano, in che posizione dormono, se hanno un intestino regolare oppure no, sinceramente sono temi che non mi appassionano.

Io appartengo ancora alla vecchia scuola, quella di Mogol, appunto, per cui la promozione deve essere guidata e pianificata con estrema attenzione. E soprattutto deve conoscere dei limiti. Perché un musicista, proprio come un medico, è innanzi tutto un professionista. La cosa migliore che si possa fare per lui, quindi, è aver rispetto del suo lavoro, che comunque comporta fatiche e rinunce. A volte si è portati ingenuamente a credere che la vita degli artisti sia fatta solo di privilegi, ma è un errore. E soprattutto, quello che per gli altri è svago, per loro è mestiere. Non si può pretendere che un musicista abbia sempre voglia di esibirsi. Capita regolarmente, durante serate tra amici, che, quando è presente un cantante, qualcuno gli chieda di concedere un assaggio del suo repertorio. Lo trovo sbagliato. Se invitassimo a casa nostra un medico, ci sogneremmo mai di chiedergli, nel bel mezzo di una cena o di una festa, di mettersi a visitare i presenti? Non credo.

10.

Melodia, testo e interpretazione

Nel 1975, dopo sei anni alla Numero Uno, lasciai l'etichetta di Battisti e Mogol. Quella vissuta con loro era stata un'esperienza meravigliosa e intensissima, ma con il tempo la casa discografica aveva un po' perso la sua carica innovatrice. Non si respirava più quell'atmosfera carbonara degli inizi, così stimolante; tutto era diventato più «normale» e basato sull'amministrazione del successo che fin dall'inizio aveva arriso alle produzioni della Numero Uno. In più, verso la fine del 1974, l'etichetta sarebbe stata ceduta alla RCA, perdendo così l'indipendenza che stava alla base della sua nascita.

Per convincermi a lasciare il gruppo di lavoro di Mogol e Battisti, tuttavia, non sarebbe bastata una proposta qualsiasi. Oltre alle solite offerte che si limitavano a spingere su parametri quali retribuzione e prospettive di avanzamento, quello di cui avevo bisogno era lo stimolo di una nuova sfida che mi permettesse di esplorare territori sconosciuti, di acquisire competenze che mi mancavano.

Fu proprio la presenza di questi elementi a convincermi a passare in Ricordi, quando mi proposero il ruolo di responsabile delle edizioni. Era un cambiamento notevole: prima come addetta stampa e poi come responsabile della promozione, infatti, ero stata abituata a lavorare su canzoni e artisti quando gli album erano già confezionati e tutto era compiuto, mentre ora mi sarei trovata di colpo catapultata nel cuore della «cucina» discografica. Non si trattava più di far conoscere al mondo il prodotto del lavoro di un artista, ma di confrontarsi direttamente con quest'ultimo perché le sue creazioni fossero il più convincenti possibile. Un compito delicatissimo, un ambito nel quale avevo tutto da imparare. Ancora una volta, non avendo esperienza nel campo e non essendo né musicista, né profonda conoscitrice di teoria musicale, mi trovai nella necessità di «rubare» il mestiere a chi già lo conosceva, anzitutto agli autori che di professione scrivevano per i cantanti.

Le prime «vittime» furono Enrico Riccardi e Luigi Albertelli, ai quali mi attaccai come una sanguisuga. Li conoscevo già di fama perché avevo seguito a distanza le vicende della loro canzone *Vado via*, che Drupi aveva portato a Sanremo del 1973. All'epoca lavoravo ancora alla Numero Uno e a richiamare la mia attenzione su questo pezzo era stato proprio Battisti: «Che peccato» disse. «È un gran pezzo, tu guarda se doveva finire ultimo.» In effetti anche a me piaceva molto. Ma, come si è verificato più volte con Sanremo, l'esito sfortunato al Festival si rivelò anticipatore di un trionfo di pubblico. Per Drupi e *Vado via* la strada verso questo risultato passava dalla Francia. Fu proprio Oltralpe, infatti, che la canzone scalò velocemente le classifiche, raggiungendo i primi posti; e così dopo qualche mese, sull'onda dell'exploit francese, ricomparve nelle radio italiane ottenendo in breve il successo che gli era stato negato a Sanremo.

Come dimostra questo caso, riconoscere una potenziale hit al primo ascolto non è affatto semplice, ma è di certo la sfida più entusiasmante per un editore musicale. Anche un brano grezzo e imperfetto può celare grandi risorse, e allora l'editore deve lavorare per sgrossarlo e raffinarlo, fino a tirarne fuori il meglio.

Io che, lo ripeto, non avevo particolari competenze musicali, potevo mettere in gioco solo l'istinto e a quello mi affidavo per giudicare una canzone. In qualche modo ero ancora la ragazzina che nel lontano autunno del 1960 aveva sentito *La Gatta* di Paoli e aveva percepito qualcosa di eccezionale. Il mio rapporto con la musica rimaneva irriflessivo, istintuale, dettato da un impulso che non sapevo spiegare e analizzare con precisione, per quanto, inevitabilmente, nel tempo il mio gusto si fosse affinato.

La competenza me la creai sul campo, con la frequentazione della bottega. Mi imposi di essere una spugna e, per i mesi successivi al mio arrivo in casa Ricordi, cercai di assorbire ogni minimo indizio utile a comprendere i meccanismi che si celavano dietro una canzone.

Ben presto acquisii un dato fondamentale: una canzone è il risultato della sintesi di tre elementi – melodia, testo e interpretazione – che si devono fondere in un'alchimia perfetta per creare un risultato il cui valore finale sia maggiore della loro semplice somma.

Se paragoniamo una canzone a una casa, la melodia ne è la struttura portante, la spina dorsale: per intenderci, è ciò che riusciamo a fischiettare. L'arrangiamento, invece, è il modo in cui si declina la melodia; rimanendo nella metafora edilizia, è il tipo di decorazione, lo stile dei mobili scelti per riempire e abbellire la casa. Come l'arredamento, anche gli arrangiamenti sono soggetti alle mode e possono cambiare nel corso degli anni. Questo fa sì che un brano possa essere riattualizzato e reinterpretato secondo il gusto del momento. Pur rivista, è chiaro, la canzone resta sempre la stessa, non cambia. *Pensiero stupendo* di Patty Pravo è perfettamente riconoscibile sia nella versione originale del 1978, sia in quella del 1997.

Nella costruzione di un pezzo non esistono regole universalmente valide, ma è indispensabile che esso abbia una propria struttura, che al suo interno risponda a una determinata logica. Del resto, è quello che avviene per tutti i prodotti dell'industria culturale, come i film, che possono essere facilmente recepiti dal pubblico in quanto fanno riferimento a codici condivisi.

Nella musica leggera esiste un rapporto coerente fra strofa e incisi, fra testo e musica, fra parti strumentali e cantato. Se la struttura c'è e «tiene», l'orecchio percepirà il pezzo in maniera piacevole, armoniosa. Altrimenti l'ascolto non sarà gratificante.

Tutti, anche i profani, sono in grado di dire se un brano si lascia ascoltare oppure no, al di là dei gusti personali. Ovviamente, più un orecchio è allenato più avrà modo di apprezzare strutture complesse.

L'editore, però, non può limitarsi a dire se un pezzo va bene o male: deve essere in grado di fornire indicazioni finalizzate al miglioramento. Deve riuscire a individuare i cali di tensione, i momenti in cui la melodia sfugge oppure è noiosa e ripetitiva. E trovare insieme all'autore soluzioni creative.

Pur di comprendere e padroneggiare questa materia, complessa ma affascinante, decisi di sottopormi a uno studio «matto e disperatissimo», proprio io che con lo studio non ero mai andata d'accordo. Ma in questo caso si trattava di acquisire le conoscenze necessarie per svolgere un lavoro, e non semplicemente di stipare nel cervello informazioni prive di legami con la vita di tutti i giorni. Uno degli esercizi più utili cui mi sottoponevo, per esempio, era quello di ascoltare mille versioni di uno stesso pezzo, relative a diversi stadi di lavorazione, notando le differenze progressive che distinguevano via via la prima, più grezza, da quella definitiva.

Ricordo che una volta, a notte inoltrata, il campanello di casa cominciò a suonare con insistenza. Ero così presa dalla musica che ci misi un po' ad accorgermene, e quando andai ad aprire mi trovai davanti una decina di condomini imbufaliti. Erano tutti in pigiama e vestaglia e sui loro volti si leggeva chiaro un unico desiderio: strangolarmi. Solo in quel momento mi resi conto che il mio stereo stava suonando i Rolling Stones a un volume che, dovevo riconoscerlo, non favoriva il sonno. Mi salvai dal linciaggio per un pelo e il giorno dopo corsi a comprarmi un paio di cuffie.

Accanto allo studio di melodia e arrangiamento, di quanto cioè costituisce la parte più strettamente musicale di un brano, molto avevo da imparare anche riguardo al testo. Innanzitutto le canzoni, come ogni opera d'arte, nascono all'interno di un determinato momento storico, che ne definisce più di un aspetto. I testi pop, in particolare, sono quelli che maggiormente recepiscono limiti e tendenze delle congiunture storiche in cui vengono concepiti: a volte li rispecchiano fedelmente, altre volte anticipano sia mode temporanee sia cambiamenti epocali.

Questo fa sì che lo stesso tema, in epoche diverse, venga trattato in modo radicalmente diverso. Le canzoni che dalla notte dei tempi hanno parlato d'amore, per esempio, non lo hanno fatto mica allo stesso modo. Di volta in volta sono cambiati i punti di vista, gli autori hanno sviscerato aspetti sempre nuovi: eppure, è evidente, il tema continua a offrire infinite possibilità. Parlare di sentimenti non sarà mai fuori moda.

Ma se alcuni soggetti rimangono nel tempo, pur sottoposti a diversi trattamenti, ce ne sono altri, in particolare quelli legati a questioni sociali, che si presentano con urgenza e continuità in un periodo storico e finiscono praticamente per scomparire in un altro. Ogni epoca ha le sue tematiche calde, e gli autori, com'è naturale che sia, danno voce allo spirito del tempo. Per fare un esempio basta ricordare le canzoni pacifiste degli anni Sessanta, quando era in corso la guerra del Vietnam, o i pezzi politici degli anni Settanta. Una canzone «impegnata» di solito intende denunciare una mentalità obsoleta o protestare contro una situazione di ingiustizia. Se il fine è indubbiamente nobile, però, in questi casi il rischio di scadere nella retorica è molto alto. Peggio, si può dare l'impressione di voler cavalcare l'onda dello sdegno per far parlare di sé. Mi è capitato di ascoltare canzoni del genere e di provarne profondo fastidio. Non tutti sono De André o Guccini. Non tutti hanno le qualità artistiche, intellettuali e culturali per parlare dei mali della società. E senza queste doti si rischia di scrivere testi privi di mordente, noiosi. Perciò consiglio a chiunque voglia cimentarsi in un compito del genere di interrogarsi a fondo, per capire se davvero conosce i temi con cui intende confrontarsi: se la risposta è negativa, datemi retta, meglio rinunciare.

La canzone, musica e testo, non esisterebbe infine senza un artista che la canta. E, anche se molti non se ne rendono conto, non è che ogni cantante possa eseguire indifferentemente qualsiasi pezzo. Pensate a *Vita spericolata* cantata dalla Cinquetti. Se vi state sbellicando dalle risate, avete capito perfettamente di cosa stiamo parlando. Una canzone può essere bella quanto si vuole, ma se non è nelle corde dell'artista che la interpreta non arriverà mai al pubblico, non trasmetterà il suo messaggio e sarà destinata all'insuccesso. Ciascun cantante è adatto a determinati brani e non ad altri. Innanzitutto per motivi tecnici: l'estensione della voce e la timbrica. Ma quello che conta davvero è la capacità di interpretare la storia racchiusa nella canzone. Ci sono esecutori impeccabili, che però mancano totalmente di capacità comunicative. La tecnica non basta, bisogna anche emozionarsi ed emozionare chi ascolta. Maria Callas forse non era la più brava tra le soprano, ma di certo era la più intensa ed è questo che l'ha resa grande. Eppure anche lei non convinceva allo stesso modo in tutti i ruoli.

Personalmente, dell'importanza di questo aspetto cominciai a rendermi conto quando ancora mi occupavo di promozione: conoscendo da vicino il vissuto degli artisti riuscivo a percepire con chiarezza quando davano il massimo perché si immedesimavano nel testo della canzone e quando invece restavano meri esecutori. Da editrice, in seguito, ho sempre cercato di fare molta attenzione nell'abbinare le canzoni ai cantanti che erano in grado di farle proprie esaltandone le qualità. Per tornare al confronto che ci ha fatto ridere prima, quando la Cinquetti a sedici anni intona *Non ho l'età* è credibile, il pubblico può facilmente pensare che sia lei la protagonista della storia. Allo stesso modo, se Vasco Rossi canta *Vita spericolata*, tutti sanno che quello di cui parla è il suo vissuto. Ed è proprio questo che piace di Vasco: sia che ti racconti di una sbornia, sia che rifletta sulla difficoltà di imparare dai propri errori, sai di potergli credere.

11.
Gianna Nannini

Un giorno, quando ancora lavoravo alla Numero Uno, in casa discografica fecero il loro ingresso un paio di stivali. Erano di pelle morbidissima, con grosse fibbie e alti fin sopra il ginocchio. Vedendoli mi venne subito in mente il film *I tre moschettieri*, con Richard Chamberlain e Oliver Reed.

In questo caso, però, le eccentriche calzature non appartenevano a un signore del Diciassettesimo secolo, ma a una ragazza non ancora ventenne, tale Gianna Nannini, che aveva appuntamento per un provino con me e Claudio Fabi, all'epoca direttore artistico della Numero Uno.

Dovetti fare violenza su me stessa per distogliere l'attenzione dalle scarpe e decidermi a dare il via all'esibizione della giovane artista. Prima ancora che prendesse posto al pianoforte e cominciasse a cantare, però, mi ero fatta un'idea della persona che avevo di fronte: chi calzava simili capolavori non poteva che avere personalità da vendere, ne ero certa. E personalità, infatti, Gianna ne dimostrò moltissima.

Si sedette e cantò una canzone... orrenda. Il pezzo parlava di una barca a vela che andava sul mare: pensai fosse una metafora della libertà del pensiero, in grado di vagare ovunque a prescindere dalle costrizioni del mondo. Una pesantezza... Ma l'esecuzione era carica di tale trasporto e tale grinta che sia Claudio sia io restammo colpiti. Quella ragazza aveva una voce bellissima, con una timbrica decisamente fuori dal comune, così struggente che quando finì di cantare mi passai una mano sugli occhi e scoprii di essere in lacrime. Gianna riusciva già a toccare corde profonde, nessun dubbio.

Restava il fatto, però, che il suo repertorio proprio non andava, e questo, almeno per il momento, ci impediva di metterla sotto contratto. Non rimaneva che incitarla con la massima schiettezza a continuare a lavorare: «Queste canzoni fanno schifo e sono da buttare via, però tu sei interessante. Avresti bisogno di qualcuno che ti aiuti a trovare la strada giusta».

Claudio aggiunse che ci saremmo rifatti vivi presto, non appena avessimo trovato questo qualcuno.

Alla fine del nostro incontro Gianna se ne andò, la testa alta e i suoi splendidi stivali ai piedi, scortata da un uomo che mi sembrava un po' troppo vecchio e ordinario per essere il suo ragazzo.

Mi incuriosii e decisi di svolgere una piccola indagine, chiedendo in giro chi fosse quel tipo: mi fu risposto che la famiglia Nannini era piuttosto nota a Siena, dove possedeva una fabbrica di dolci. Il padre di Gianna, uomo testardo e all'antica, non capiva perché, invece di impastare panforti e gestire il loro patrimonio, quella figlia stramba si fosse messa in testa di fare musica. Così la faceva seguire da una persona di sua fiducia nel timore che si cacciasse nei guai e nella speranza che si ravvedesse. Pensai che chiunque altro sarebbe risultato ridicolo ad andarsene in giro con quel surrogato del padre alle calcagna. A guardare lei, invece, veniva in mente un Don Chisciotte al femminile, scortato dal suo fido Sancho Panza.

Qualche tempo dopo, come promesso, ci facemmo vivi. Pensavamo di aver trovato le persone giuste con cui far lavorare Gianna e le proponemmo di unirsi ai Flora fauna e cemento, un gruppo fondato da Mario Lavezzi, produttore e autore oltre che interprete alla Numero Uno. Gianna, pur con qualche perplessità, accettò di provare a fare qualcosa con loro: i risultati non furono esaltanti (il singolo *Congresso di filosofia*, con il lato B *Stereotipati noi*, fu un mezzo fallimento), ma quei mesi di lavoro, pur non sufficienti a trasformare Gianna nella forza della natura che oggi tutti noi conosciamo, furono comunque utili e la spinsero qualche passo in avanti verso la completa maturazione.

Nel frattempo io ero passata in Ricordi, dove il mio ruolo di direttrice editoriale mi diede nuove occasioni di incontrare Gianna, che aveva abbandonato la Numero Uno a sua volta. Pubblicammo il suo primo disco, *Gianna Nannini*, nel 1976: niente di fatto. L'esito fu piuttosto deludente, in pochi si accorsero di lei. Di sicuro non lo fecero le casse della Ricordi, dal momento che introiti non se ne videro proprio. Ciononostante, rimanevo convinta del fatto che Gianna potesse fare grandi cose e che si trattava solo di lasciarla sfogare. I pezzi e il suo modo di interpretarli lasciavano trasparire un disagio, un nodo non risolto che si portava dentro. Era tutta istinto e passione, ma quello che le mancava era un'idea chiara della struttura della canzone. Doveva imparare a incanalare nel modo giusto quel disagio, per farlo diventare definitivamente la sua forza.

Andammo avanti, io e Claudio Fabi, che nel frattempo era diventato il produttore di Gianna, e le facemmo pubblicare un altro disco, *Una radura...*

Aiuto! Questa volta, ogni tre copie distribuite ne vedevamo tornare quattro. I responsabili della Ricordi, quelli che tenevano i cordoni della borsa, cominciavano a perdere la pazienza, tanto che l'amministratore delegato, dottor Guido Rignano, si assunse personalmente il compito di ricordarmi quale fosse la missione dell'azienda: vendere dischi. «Ue', Mara» mi apostrofava ogni volta che mi incrociava, «quand'è che battiamo cassa? Mica siamo qui a fare beneficenza!» Aveva ragione, per carità. Io però mi impuntai: credevo fermamente nel talento di Gianna e chiesi di darle ancora fiducia. Quando un editore è convinto del proprio artista bisogna che si batta per lui, che si assuma dei rischi difendendolo davanti alla parte commerciale dell'azienda.

Riuscii a ottenere un'altra chance, ma sapevo che sarebbe stata l'ultima: se il nuovo disco non fosse andato bene avrei dovuto lasciare perdere per sempre il progetto Nannini – e, se mi avessero licenziato, ogni altro progetto discografico. Non potevo permettermi passi falsi. Cambiai il gruppo di lavoro che seguiva Gianna e mi rivolsi a Michelangelo Romano, che all'epoca era il produttore di Venditti e di Vecchioni, e a Mauro Paoluzzi, musicista e arrangiatore.

Ci mettemmo tutti all'opera: l'attività era intensa, sembrava ci stessimo muovendo nella direzione giusta, ma l'ultima parola sarebbe stata detta solo una volta pubblicato il disco. Nel frattempo, testarde come poche e ognuna sempre convintissima della bontà delle proprie idee, io e Gianna ci scornavamo regolarmente su ogni aspetto del lavoro. In quei momenti era meglio trovarsi a una certa distanza perché volava di tutto, non solo le parole. Evidentemente Gianna rimase molto impressionata da quegli scontri, se è vero, come mi disse lei stessa, che fui proprio io a ispirarle la canzone *Primadonna*, inserita poi nell'album *Latin Lover*, del 1982. Al primo ascolto non mi sfiorò neppure il dubbio che il personaggio ingombrante e dispotico descritto nel pezzo fossi io: «Mi cammini mi cambi / mi produci anche i sogni / mi fai essere stereo / tu mi rubi il respiro / mi prepari il terreno / io sono solo un'idea / per la tua platea / tu mi inventi e mi dai / ogni giorno mi fai / salire sempre più in alto / tu che mi mandi in onda / non vuoi stare nell'ombra / primadonna». Ci pensò Gianna a chiarirmi la questione, dicendomi chiaro e tondo che quella che nella canzone lei invitava a «scaricare le pistole» era la sottoscritta. Un modo per esprimermi il suo odio – e il suo amore.

Sono convinta che fosse proprio la passionalità che ci portava continuamente a litigare a rendere feconda e speciale la nostra collaborazione. Insieme vivemmo anche una rapina in banca durante la quale, mentre tutti intorno se la facevano sotto dalla paura, noi – due pazze complete – ci comportammo come se niente fosse. Accadde un giorno in cui ci trovavamo in giro per il centro: io dovevo passare in banca alla Cesare Ponti, che aveva un'agenzia in piazza Duomo, e con me c'era Gianna, che mi aveva accompagnato in quella commissione. Entrammo e ci mettemmo in coda: stavamo attendendo pazientemente il nostro turno quando a un tratto un tizio si mise a urlare il classico «Mani in alto, questa è una rapina!». Ottenuta l'attenzione dei presenti, il rapinatore e i suoi complici, sotto la minaccia delle armi, intimarono a clienti e personale della banca di buttarsi a terra, pancia in giù. Tutti obbedirono. Tutti tranne me e Gianna. Non so cosa passò nella sua testa, ma io, e ancora me ne stupisco, pensai che era inverno e per terra faceva un freddo cane: col cavolo che mi ci sdraiavo. Così, mentre tutti si stendevano sul pavimento, Gianna e io, rimaste in piedi, ci avviammo con la massima tranquillità verso l'uscita, oltrepassammo la porta e ci ritrovammo fuori.

A due passi dall'ingresso della banca stazionava una volante della polizia. Vedendola mi riscossi dalla specie di trance che mi aveva preso, mi avvicinai agli agenti urlando e spiegai animatamente ciò che stava accadendo sotto il loro naso. I poliziotti intervennero immediatamente e, così facendo, riuscirono a cogliere sul fatto i rapinatori e a sventare il colpo.

Più tardi, mentre mi interrogavano per chiarire la dinamica dei fatti, ascoltando il racconto di come Gianna e io eravamo uscite dalla banca, gli agenti si stupirono: «Ma, signora, si rende conto del rischio che avete corso? Se questi vi vedevano capace che perdevano la testa e vi sparavano!». «Sì, certo, ma io ero tranquilla perché indossavo la pelliccia. Se anche mi avessero sparato, la pelliccia mi avrebbe protetta.» «Come no... Se partiva un colpo, il proiettile ne trapassava dieci, di pellicce, e poi la beccava lo stesso!» Solo allora realizzai quanto fossimo state spericolate. Ma credo che, più che il coraggio (o la temerarietà), a spingere me e Gianna fosse stata l'insofferenza verso gente che cercava di darci degli ordini.

In quegli anni ebbi anche occasione di conoscere la famiglia Nannini, e questo mi aiutò a capire meglio la persona con cui avevo a che fare.

Nei vari spostamenti da Milano a Roma, mentre *California*, il terzo album, era ancora in lavorazione, mi capitò di essere ospite a casa loro, in un meraviglioso casale sulle colline senesi. La madre di Gianna era una donna molto calma, gentile, premurosa. Tutto il contrario del resto della famiglia, composta in maggioranza da gente piuttosto irrequieta. A parte Gianna c'era un altro figlio ribelle, Alessandro, che continuava a marinare la scuola per scappare da un amico meccanico e mettere le mani tra le valvole e i pistoni dei motori. Entrambi erano in costante conflitto con il padre, un uomo legato ai valori tradizionali e orgoglioso di un mestiere, quello dell'imprenditore, che gli sarebbe piaciuto trasmettere ai suoi ragazzi. Non capiva, il poveruomo, dove aveva sbagliato, come mai i figli si fossero scelti passioni così astruse e inconsistenti. Alla fine aveva concluso che lo facessero per il puro gusto di farlo dannare. Era uno scontro fra titani, in cui la signora Nannini ricopriva il ruolo tanto eroico quanto inutile di paciere e il figlio maggiore, Guido, quello di unico elemento assennato e rispettoso dei desideri paterni.

Ricordo che un giorno, nel mio ufficio milanese, in mezzo alla solita corrispondenza, trovai una strana lettera: al tatto si sentiva che non conteneva un nastro, quindi non proveniva da un aspirante cantante. Non aveva nessun logo riconoscibile. Un po' perplessa, aprii la busta. Era il padre di Gianna che, ormai rassegnato, rinunciava a battersi con la figlia per impedirle di rovinarsi la vita. Ma almeno voleva salvare la rispettabilità della famiglia. E questo era ancora possibile se il suo cognome non fosse più comparso sulla copertina dei dischi di Gianna. Gli dissi che avrei parlato con la figlia per vedere cosa si poteva fare.

Pochi mesi dopo il cognome Nannini comparve sulla copertina del disco *California*, insieme all'immagine di una Statua della Libertà che, invece della tradizionale fiaccola, teneva in mano un vibratore. Il primo successo per Gianna e per il gruppo che lavorava con lei, un infarto sicuro per il poveruomo. Appena vidi la copertina, il mio primo pensiero fu: «Bellissimo!» e il secondo: «Che cosa dirà adesso il signor Nannini?». Gianna mi disse in seguito che il suo babbo aveva scambiato il vibratore per un missile: scampato pericolo, quindi. Tirai un sospiro di sollievo.

Dopo quel primo successo, la carriera di Gianna fu tutta in discesa. La misi al lavoro con Raffaella Riva, ottima autrice di testi, e nel 1984 scrissero *Fotoromanza*, il pezzo che decretò l'affermazione di Gianna come cantautrice rock più popolare d'Italia.

12.
Mango

Nel giugno 1981 nacque la mia seconda figlia, Camilla: se quando avevamo solo una bimba, Giulia, era comunque possibile gestire famiglia e vita professionale, ben presto Alberto e io ci rendemmo conto che con due bambine e il lavoro che ci assorbiva entrambi completamente non ce l'avremmo mai fatta. Certo, avevamo una tata che ci dava una mano, ma il grosso restava sulle nostre spalle: tra ninne nanne e canzoni pop, assoli e vagiti, biberon e microfoni, rischiavamo di non capirci più nulla. Una sera ci mettemmo attorno a un tavolo e ci guardammo nelle occhiaie: era giunto il momento di tirare le somme e prendere provvedimenti. Fu una riunione breve, che si concluse con una decisione unanime: mi sarei presa un anno sabbatico.

Così, mi licenziai dalla Ricordi. Smisi le vesti dell'editore musicale e mi calai in quelle della mamma. Fu un po' un salto nel vuoto, perché uscire dal mercato del lavoro all'improvviso, quando si è nel pieno delle proprie possibilità, significa rischiare di non rientrarci.

Eppure non ho mai rimpianto di averlo fatto. Fu un bell'anno, in cui ebbi modo di seguire le mie figlie da vicino e di assistere passo passo alla loro crescita. Anche se Giulia e Camilla impegnavano gran parte della mia giornata, poi, riuscii a ritagliarmi del tempo per portare avanti dei progetti personali, lavorando da casa come free lance.

A porre fine al mio anno sabbatico fu la telefonata di uno sconosciuto. Disse di chiamarsi Carlo Fontana e di essere l'amministratore delegato della Fonit Cetra. Avevano bisogno di un direttore artistico e mi chiese se fossi interessata a quel ruolo. Guardai per un momento la mia casa ordinata e silenziosa e le mie figlie che giocavano sul tappeto, e dissi a me stessa che il peggio era passato. Certo che ero interessata.

Nel giro di qualche giorno mi presentai per il colloquio, durante il quale scoprii che a segnalarmi era stata Rosanna Mani, mia collega alla Ariston ben tredici anni prima e ormai da una decina colonna portante di «TV Sorrisi e Canzoni». Dopo una mezz'ora abbondante di chiacchiere, il signor Fontana mi congedò assicurando che mi avrebbe fatto sapere.

Me ne tornai a casa e, per tutta la settimana seguente, ogni volta che il telefono squillava correvo a rispondere nella speranza che fosse lui, improvvisamente consapevole di quanto mi era mancato il lavoro. Infine la tanto attesa telefonata arrivò: mi assumevano come direttore artistico. Presi qualche giorno per sistemare le bambine e organizzare tutto con rigore militare, in modo che fra me, mio marito e la baby-sitter, i turni ruotassero senza inceppi.

La Fonit Cetra all'epoca era una casa discografica a partecipazione statale e soffriva degli stessi problemi che affliggevano la Rai: lottizzazione e clientelismo. Carlo Fontana, che mi aveva assunto, era in quota PSI, mentre il direttore generale, il dottor Filogamo godeva dell'appoggio del PCI. Con quest'ultimo, in particolare, instaurai un rapporto ottimo: era un dirigente serio e lungimirante, un uomo che davvero lavorava per il bene dell'azienda. Non mi chiese mai un favore e non cercò mai di influenzare le mie scelte o indirizzarmi in un senso o nell'altro; anzi, mi sostenne ogni volta che condussi delle battaglie per portare avanti delle idee. Purtroppo morì di cancro mentre ero ancora alla Fonit Cetra. Ne conservo tuttora un ricordo bellissimo.

Quando io arrivai, la situazione in casa discografica era piuttosto pesante, dal momento che le segreterie di partito la usavano come terreno di scambio per offrire favori agli amici o assestare sgambetti ai nemici. La musica sembrava un accessorio in una macchina che esisteva e andava avanti spinta da tutt'altre priorità. I dischi non vendevano e il bilancio era perennemente in negativo.

Trascorsi le prime settimane a spulciare tutto il materiale su cui avrei dovuto lavorare, ascoltando i nastri degli artisti sotto contratto, di quelli appena pubblicati e di quelli in via di produzione. Si trattava di una faticaccia, ma andava fatta.

Oltre a chiudermi in ufficio con il volume dello stereo a palla, trascorrevo molto tempo chiacchierando con i colleghi, cercando di ottenere da loro informazioni e pareri sui diversi cantanti e autori che gravitavano intorno all'etichetta. Quelle indagini informali, condotte di solito tra un caffè e una sigaretta, si rivelarono molto preziose. In particolare, risvegliarono in me una forte curiosità per una coppia di cui tutti parlavano con un certo timore. Si trattava di due fratelli di Lagonegro, cittadina lucana stretta fra la Campania e la Calabria: a detta di tutti erano «neri, cattivi e arrabbiati». «Eh, mamma mia» mi dissi, «di sicuro non possono essere più cattivi di me.» Decisi di indagare e in breve scoprii che si chiamavano Giuseppe, detto Pino, e Armando Mango: il primo componeva le musiche e cantava, il secondo si occupava di scrivere i testi. Dopo un paio di dischi, pubblicati rispettivamente con la RCA e con la Numero Uno, erano passati alla Fonit Cetra, per la quale era uscito il loro terzo album. Io, che pure lavoravo nell'ambiente, non li avevo mai sentiti nominare: era sufficiente per capire che fino a quel momento le loro fatiche non erano state coronate dal successo, o comunque da risultati soddisfacenti.

Era forse per questo, o semplicemente per i percorsi accidentali e involontari che fanno finire dei nastri in fondo a cassetti mai riaperti, che un loro successivo provino, con inciso un pezzo nuovo, non era stato preso in considerazione da nessuno. Sulla custodia c'era scritto *Mama Woodoo*. Quando, mettendo in ordine negli spazi che avrei dovuto occupare, me lo ero ritrovato tra le mani, l'avevo appoggiato sulla scrivania formulando il vago pensiero di ascoltare anche quello, un giorno. Ma, alla luce dei discorsi sentiti in giro per l'ufficio, la voglia di saperne di più aveva preso il sopravvento. Misi da parte tutti il resto, presi quel nastro e lo ficcai nello stereo. Play.

L'ascolto mi lasciò impressioni contrastanti. La voce del cantante era sensazionale: una pulizia, un rigore nell'esecuzione che mai mi era capitato di incontrare negli artisti con cui avevo lavorato. Però c'era qualcosa che non mi tornava: una specie di scollamento fra quella voce bellissima e i testi che cantava, come se le parole della canzone non fossero state scritte per la persona che le intonava. Dopo qualche minuto di riflessione mi dissi che probabilmente i fratelli Mango erano stati poco accorti nella scelta del brano, ma i presupposti per ottenere risultati più che degni c'erano tutti.

Li convocai per un colloquio. Il giorno convenuto, all'ora dell'appuntamento, mi trovai di fronte due ragazzi con gli occhi scuri e i capelli lunghi e nerissimi; entrambi indossavano giacche nere sopra magliette nere, pantaloni neri e scarponi neri. Come scoprii fin dalle primissime battute, erano anche piuttosto agguerriti: forse giustamente risentiti per la lunga attesa cui erano stati costretti, non avevano intenzione di sottostare a imposizioni da parte della casa discografica. Volevano lavorare a modo loro e decidere ogni cosa in completa autonomia. Neri, cattivi e arrabbiati, proprio come me li avevano descritti.

Per quel primo incontro decisi di mantenermi cauta, di non sollevare subito le mie perplessità. Cercai di essere conciliante, cosa che mi costò una gran fatica, e alla fine ci lasciammo con una stretta di mano, tutti convinti a lanciarci nella lavorazione di un nuovo disco, sperando che fosse finalmente quello giusto.

Furono sufficienti un paio di altre riunioni, comunque, a farmi buttare all'aria la facciata di diplomazia che avevo faticosamente costruito durante il primo appuntamento. Nel momento in cui entrammo nel merito del lavoro, infatti, mi bastò poco per inquadrare la situazione: i due Mango erano entrambi molto bravi, ma insieme non funzionavano. Ero fermamente convinta che i testi di Armando non andassero per niente bene per Pino. Sarebbero forse stati perfetti per un altro cantante, ma non per lui.

Decisi che la coppia andava spaccata. Quando parlai ai due fratelli di questa mia idea la reazione, com'era prevedibile, non fu delle migliori. Ovviamente Armando mi vedeva come una strega cattiva – nessuno nella sua posizione mi avrebbe vista diversamente – mentre

Pino difendeva a spada tratta suo fratello, che lo aveva accompagnato passo dopo passo fino a quel momento.

Ma se loro erano cocciuti, io lo ero di più e, pur a fatica, riuscii a convincerli a fare un tentativo. Al posto di Armando, chiamai a scrivere per Pino due persone di cui mi fidavo ciecamente: Mogol e mio marito, che nel frattempo avevano cominciato una fruttuosa collaborazione fondando, all'inizio degli anni Ottanta, la Nisa, etichetta discografica il cui nome era un omaggio al padre di Alberto. Inutile dire che la scelta di coinvolgere mio marito nel progetto Mango mi fruttò diverse accuse di nepotismo: ma come, proprio quella che si lamentava delle logiche clientelari cui doveva sottostare la Fonit si metteva a passare il lavoro a parenti e amici?

Ma la cosa non mi toccava: la mia era una decisione presa in buonissima fede, dettata solo dalla convinzione che Alberto e Giulio fossero le persone più adatte a scrivere per Mango. Ero sicura che i fatti mi avrebbero dato ragione.

Fu così che il pezzo che un tempo s'intitolava *Mama Woodoo* divenne *Oro*: Mogol scrisse il testo e gli arrangiamenti insieme a Pino e poi, dal momento che Giulio aveva altri impegni, Alberto ne seguì la produzione. Lanciammo il singolo nel 1984 e fu subito un grande successo, di vendite e di ascolti: non esiste modo migliore per mettere a tacere le malelingue che portare a casa un bel successo. E fu quello che facemmo.

L'anno successivo Mango partecipò al Festival di Sanremo: il pezzo si intitolava *Il viaggio*, non passò in finale ma ottenne il premio della critica. Il nome di Pino Mango era ormai conosciuto e, per gli ascoltatori attenti, era uno di quelli da tenere d'occhio perché fra i più promettenti per l'immediato futuro. La canzone di Sanremo venne inserita in un disco, *Australia*, i cui testi erano stati scritti per metà da Salerno e per metà da Mogol.

Continuammo a lavorare insieme. Per il Sanremo del 1986 fu pronto un nuovo disco, *Odissea*: dopo aver valutato attentamente tutti i brani che lo componevano, decisi che il pezzo perfetto per il Festival era *Lei verrà*. Con quella canzone potevamo ottenere un gran risultato. Evidentemente Pino non era dello stesso parere, perché a pochi giorni dalla gara si presentò nel mio ufficio e, prima ancora di sedersi, dichiarò, categorico, che non voleva più portare *Lei verrà*, ma *Odissea*, il pezzo che dava il titolo al disco. Gli risposi di no: la canzone che doveva cantare era quella che gli avevo detto io e basta. Ne scaturì un litigio infernale.

Pino non era facile da gestire. In totale accordo con il suo abbigliamento, il suo umore era spesso nero e tempestoso; in più si consultava spesso con suo fratello e, visto come era andato il nostro rapporto professionale, non potevo sperare che nei suoi pareri Armando fosse tenero con la sottoscritta. Insomma, quando si intestardiva, Pino opponeva una resistenza che avrebbe messo a dura prova la pazienza di un santo. Figuriamoci quanto poteva durare la mia, di pazienza, che per natura era poca o nulla. L'unico effetto che le continue obiezioni di Pino ottenevano era quello di farmi arrabbiare ancora di più.

Il litigio si protrasse un bel po', fino a quando io non lo misi di fronte a un aut-aut: «Senti, caro Pino, tu lo sai come funziona qui dentro: c'è sempre qualcuno a cui devi un favore. Ora, devi sapere che qualche giorno fa mi è arrivata una richiesta per mandare a Sanremo un'emerita sconosciuta con una canzone scritta dal prefetto di Napoli. Hai capito bene: si vede che Napoli all'improvviso è diventata una città tanto tranquilla e ordinata che il prefetto può passare il tempo a scrivere canzoni. Ho dovuto insistere non sai quanto perché invece mandassero te. E adesso mi vieni a rompere le balle perché stamattina ti sei svegliato storto e hai deciso che vuoi portare un'altra canzone. Sai che penso? Penso che sono ancora in tempo per fare una telefonata e rimettere in ballo la canzone del prefetto, così ottengo immediatamente due risultati: mi faccio amico qualcuno nelle alte sfere ed evito di avvelenarmi l'anima!».

Uscii da quella discussione esausta, ma vittoriosa. Pino mi tenne il muso per una settimana, poi si rassegnò. Avevo giocato sporco, è vero, ma la storia della canzone scritta dal prefetto era tutta vera. Se l'avevo risolta per il meglio era stato anche grazie all'appoggio di Gianni Ravera, l'organizzatore del Festival, che aveva insistito per avere Mango. *Lei verrà*, comunque, si rivelò un nuovo successo. Il disco nel quale era inserita, *Odissea*, vendette 250.000 copie.

Un risultato davvero strepitoso, soprattutto se confrontato alla media di vendite della Fonit Cetra.

13.
Errare è umano (confesso che ho toppato)

Nel mondo della musica, come in tutti i settori legati all'intrattenimento e alla creatività, non esistono parametri universali per giudicare un prodotto. Nessuno ha la formula magica per creare un successo. Certo, puntare sulla qualità aiuta molto, ma non mette al riparo dai flop; anche perché il concetto di qualità è sempre molto fluido e relativo. Questo significa che, della miriade di progetti portati avanti da produttori, artisti ed editori, la maggioranza fallisce. Solo una piccola parte va a segno e passa alla pubblicazione, guadagnandosi l'opportunità di essere giudicata dal pubblico, che ne deciderà le sorti facendo salire l'album in vetta alle classifiche o lasciandolo a prendere polvere nell'espositore.

A monte di questa catena c'è un processo decisionale al quale partecipano molte persone e che non si svolge in base a regole predefinite. Il punto di riferimento costante è il pubblico, che, nonostante gli studi di settore e le catalogazioni sempre più accurate degli esperti di marketing, rimane un'entità vaga e inafferrabile il cui comportamento è difficile da prevedere. Cosa può piacere al pubblico in questo momento? Cosa gli piacerà domani? Sono queste le domande che tolgono il sonno agli operatori dell'industria discografica. La ricerca di una risposta costituisce lo scopo del nostro lavoro.

Per quanto mi riguarda, credo di aver individuato alcuni strumenti utili – ma non sufficienti – per riconoscere un potenziale successo. Innanzitutto c'è la cultura musicale, che dovrebbe spaziare tra passato, presente e futuro, per recepire in maniera non ingenua un prodotto e poterlo immediatamente collocare in un panorama più vasto, trovandone i modelli di riferimento. Quindi è necessario aggiornarsi continuamente sulle ultime uscite e le nuove tendenze, sapere quali artisti e quali generi vanno per la maggiore. Infine uno sforzo di immaginazione: cercare di capire dove il pubblico sta andando.

L'esperienza, poi, gioca il suo ruolo nella caccia al successo, soprattutto perché consente di vedere l'essenza delle cose, fa capire subito se una canzone o un artista hanno qualità durature oppure sono solo fuochi di paglia. Capita, a volte, di restare abbagliati da un fenomeno che è solo di superficie e si consuma velocemente rivelando tutta la propria inconsistenza. Non c'è niente di male a produrre album usa e getta, che durano lo spazio di una stagione, l'importante è esserne consapevoli e non farsi troppe aspettative.

C'è poi un elemento, fondamentale secondo me, che aiuta nelle scelte e che non si acquisisce né con il tempo né con lo studio: l'istinto. Credo di essere stata guidata spesso nel mio mestiere da una sorta di sesto senso, una lampadina che prendeva a illuminarsi quando ascoltavo un determinato cantante e che rimaneva inesorabilmente spenta in altri casi. È qualcosa di innato, riguarda più la sfera emotiva che quella cognitiva e per questo è impossibile da comunicare.

Attenzione, però, a non confondere l'istinto con il gusto personale. Anche noi discografici siamo esseri umani – checché ne pensi qualcuno – e abbiamo perciò le nostre preferenze anche nella musica. Ma la playlist che abbiamo nell'iPod non può costituire il punto di riferimento per il lavoro. Dobbiamo essere in grado di riconoscere un potenziale successo anche quando non è ciò che ascolteremmo durante un lungo viaggio in auto: dovremmo riuscire a capire la grandezza di Raoul Casadei anche se siamo fan dei Metallica, e viceversa.

È stato l'istinto a farmi puntare su artisti come Gianna Nannini, Mango e Tiziano Ferro, e a spingermi a insistere anche quando i risultati non arrivavano e mi veniva detto di lasciar perdere. Ovviamente ho corso dei rischi, e qualche volta ho anche perso.

A proposito di questo, nelle pagine scritte finora ho parlato solo dei miei successi. Bene, è arrivato il momento di affrontare il capitolo «insuccessi»: a conti fatti, questi ultimi sono sempre i più numerosi, perché occorre lanciare un bel po' di frecce per avere più probabilità di centrare il bersaglio. I colpi azzeccati, ovviamente, sono ciò che si ricorda più volentieri, mentre i fallimenti finiscono per essere rimossi, forse soprattutto perché ci fanno dubitare di noi stessi, e questo non ci piace.

Due degli errori più clamorosi nella mia carriera li commisi alla Ricordi, quando vi tornai, tra il 1986 e il 1988, dopo aver lasciato la Fonit. Si tratta di storie diverse, ma entrambe dimostrano che l'alchimia del successo è difficilissima da riprodurre: basta che un elemento non sia presente, o lo sia nelle dosi sbagliate, e tutto va a monte.

Un mio grande rammarico è Aida Cooper. Una cantante molto dotata, all'epoca abbastanza conosciuta nell'ambiente ma non dal grande pubblico, perché lavorava soprattutto come corista. Aveva – e ha tuttora – una voce blues davvero eccezionale, accompagnava spesso Loredana Berté e anche in seguito ha continuato a lavorare con lei. Decisi di metterla sotto contratto e, insieme ad Alberto, lavorammo a un album dal titolo *Scossa*, che uscì nel 1987. Ma a darle un'improvvisa notorietà fu il successivo *Vinti e vincitori* e, nello specifico, il brano *Mia mamma*, un pezzo fresco e divertente che le calzava a pennello. Grazie a quella canzone Aida partecipò con successo a Un disco per l'estate.

Sulla scia dell'entusiasmo, decidemmo di preparare subito un altro album per l'anno successivo e puntammo al Festival di Sanremo. Il disco si intitolava semplicemente *Aida* e il brano che scegliemmo di portare fu *Questa pappa*. Un errore madornale, pur commesso in completa buona fede. Quando assistemmo all'esibizione di Aida sul palco dell'Ariston ci rendemmo subito conto che il pezzo non le rendeva giustizia e in quel contesto perdeva tutto il suo appeal. Ma era tardi per tornare indietro, Aida non emerse e a noi non restò che fare mea culpa. Lei ne fu molto delusa – a ragione – e ci confessò di avere avuto dei dubbi fin dal principio sulla scelta della canzone.

Certo, con il senno di poi capii che le timide perplessità che Aida aveva manifestato nelle settimane precedenti al Festival erano espressione di un forte disaccordo nei confronti di quella scelta. Tuttavia per me, abituata ad avere a che fare con artisti come Gianna Nannini e Pino Mango, entrambi dotati di un caratteraccio forte e irruente quanto il mio, capaci di tenermi testa fino al punto di concludere le discussioni lanciandoci contro cassette, giornali e soprammobili, l'opposizione composta di Aida non era stata abbastanza violenta da indurmi a mettere in discussione la scelta del pezzo. Quando lasciai la Ricordi, purtroppo, Aida non fu più messa sotto contratto: evidentemente non c'era nessuno che credeva abbastanza in lei. Ciononostante, pur se in posizioni un po' defilate, la sua carriera è continuata e l'ha portata ad affiancare grandi interpreti.

Al secondo posto nella classifica del rammarico piazzerei un signore di nome Biagio Antonacci. Se, nel caso di Aida, il mio errore fu quello di non riuscire a valorizzarla abbastanza, in questo caso non seppi cogliere l'occasione nell'attimo in cui mi si presentava.

Era il 1986 o il 1987, non ricordo bene. Ron venne da me alla Ricordi dicendo che voleva farmi ascoltare un ragazzo molto promettente. Biagio all'epoca era un ragazzino alle prime armi e, benché i nastri che mi portò Ron non mi dispiacquero per niente, ritenni non fosse ancora maturo per uscire con un disco. Inoltre, per la Ricordi quello era un periodo pieno di lavoro, avevamo già fatto firmare contratti di produzione a diversi artisti e i progetti da seguire erano molto numerosi: semplicemente non avevo le risorse economiche, umane e mentali per seguire un altro esordiente. Non in quel momento, almeno. Magari più in là... Ron però aveva fretta, voleva mettere subito alla prova il ragazzo, e mi mise alle strette: allora, lo prendevo o no? Alla fine rifiutai e lui portò i nastri alla Polygram. Lì evidentemente trovò orecchie più sensibili, perché Antonacci incise subito un disco, poi partecipò a Sanremo e nel giro di pochi anni salì in vetta alle classifiche. Alla faccia mia.

In casi del genere c'è chi si prende a schiaffi da solo, chi dà testate al muro, chi sputa alla propria immagine riflessa nello specchio. Io divento nervosa e intrattabile e di solito la faccio pagare ai miei incolpevoli familiari. Ognuno si sfoga come vuole, l'importante è non farsi venire il sangue cattivo. A un certo punto si tira una riga sugli errori passati – cercando, se possibile, di trarne qualche insegnamento –, ci si rimbocca le maniche e si ricomincia da capo. Andare eternamente alla ricerca delle responsabilità o crogiolarsi nel rimpianto non serve a nulla.

Perché alla fine c'è un'ultima variabile, determinante in questo mestiere come nella vita: il culo. Essere preparati ai capricci della fortuna – non disperare quando ci abbandona e non fidarsi troppo quando ci è compagna – è un ottimo punto di partenza per chi vuole intraprendere la carriera del discografico.

14.
Tocchiamo Ferro

Correva l'anno 1998. Era un'uggiosa giornata invernale a Sanremo. Fuori pioveva e la sala in cui si tenevano le selezioni del concorso dell'Accademia della Canzone era deserta, fatta eccezione per noi componenti della giuria, una ventina di persone circa. Sul palco erano già passati diversi artisti, tutti giovani, volenterosi e ben preparati, ma fino a quel momento nessuno aveva colpito la mia attenzione. Quell'allarme che mi scattava dentro quando mi imbattevo in un artista interessante ancora non si era fatto sentire.

Da qualche anno mio marito e io venivamo invitati a far parte della giuria dei discografici. Prima del nostro arrivo, che avveniva la settimana precedente alla finale, altre commissioni, composte comunque da professionisti del settore musicale, avevano visionato i circa milleduecento iscritti procedendo a una prima scrematura. A noi spettava il compito di selezionare una decina di finalisti, che sarebbero poi stati sottoposti all'esame di una giuria di qualità, composta da personaggi del calibro di Pippo Baudo e Gianni Boncompagni. Di quel gruppo, solo tre avrebbero partecipato al Festival nella categoria Nuove proposte.

All'epoca avevo abbandonato da anni la Ricordi. L'avvento delle multinazionali, alla fine degli anni Ottanta, aveva sconvolto la discografia italiana, determinando grandi cambiamenti nel metodo di lavoro. Con il nuovo sistema, ogni iniziativa di una certa importanza andava sottoposta all'approvazione della casa madre, che si trovava all'estero e, mentre un tempo per avere delle risposte era sufficiente alzarsi dalla scrivania e andare a bussare all'ufficio del capo, ora occorreva prendere il telefono e spiegare le proprie ragioni a qualcuno che se ne stava barricato in un ufficio a Londra, New York, Los Angeles o chissadove, non aveva la più pallida idea di quello di cui si stava parlando e pretendeva che gli si spiegasse la rava e la fava in inglese. Cosa non banale per una come me, che le lingue straniere non le ha mai masticate moltissimo.

E comunque, anche quando alla filiale italiana veniva concesso un minimo margine di autonomia, all'interno della stessa erano nate delle figure professionali diverse da quelle di un tempo. Amministratori delegati e responsabili non erano più scelti fra quanti avevano trascorso una vita intera a occuparsi di musica: per quei posti venivano presi manager che fino a qualche giorno prima avevano lavorato per catene di supermercati o aziende che producevano detersivi. Non c'erano più persone come Guido Rignano che, pur sensibile e attento alle questioni di portafoglio, era anche consapevole che un artista andava coltivato e fatto crescere, e per questo sapeva mettere in conto un paio di album in perdita. Non c'era più una prospettiva di lungo periodo, volta a costruire una scuderia solida e stabile. Ogni progetto doveva portare risultati subito, o comunque nel breve periodo. Gli interlocutori che tenevano i cordoni della borsa non riuscivano più a concepire un discorso che, al di là del dato strettamente economico, si spingesse a comprendere considerazioni di tipo artistico.

Una tragedia. Almeno questo fu per me. Di punto in bianco mi trovai priva di punti di riferimento, costretta a spendere la maggior parte delle giornate in estenuanti discussioni con gente che non mi capiva, chiedeva solo «redditività» e non stava neppure a sentire quando cercavo di spiegare perché un cantante che non aveva venduto una copia con il primo disco andasse confermato. Mi sembrava di essere improvvisamente diventata una marziana che si esprime in un linguaggio incomprensibile, e per di più mi rendevo conto che avevo sempre meno tempo da spendere nella ricerca di nuovi talenti e nella produzione dei dischi. Così non andava proprio.

Decisi quindi di mollare tutto per entrare come socia nella Nisa, la casa di produzione di mio marito. Nel frattempo Mogol, che aveva condiviso con Alberto i primi anni di vita dell'etichetta, aveva lasciato a causa di altri impegni che non gli consentivano una presenza attiva e costante. Così mi ritrovai a trascorrere tutte le giornate con mio marito, ventiquattro ore su ventiquattro: condividevamo ogni cosa, dal letto alla scrivania.

I primi furono tempi duri: avere sempre fra le scatole la stessa persona non è facile per nessuno, figuriamoci per una come me, insofferente e abituata a fare sempre di testa sua! Un conto era gestire con lui rapporti lavorativi saltuari, un altro averlo come socio con cui dover discutere e concordare ogni decisione.

Comunque, dopo un periodo di assestamento, trovammo un equilibrio anche nella veste di soci-colleghi e ci tuffammo a capofitto nel lavoro, continuando a produrre gli artisti che già facevano parte della scuderia Nisa e setacciando locali e concorsi a caccia di nuovi talenti da lanciare.

Fu all'interno di questo progetto di ricerca e scouting che ci proposero di partecipare come giurati alle selezioni dell'Accademia della Canzone di Sanremo. Gasatissimi, accettammo l'incarico perché ci dava la possibilità di conoscere molti giovani interpreti e autori e di stringere contatti interessanti.

In effetti avevamo già individuato qualche talento promettente, anche se capitavano volte, come quella mattina d'inverno 1998, in cui ci si annoiava e basta e sembrava di sentire per tutto il tempo la stessa musica. Io ogni tanto mi lasciavo sfuggire uno sbadiglio, Alberto mi dava di gomito sussurrando di controllarmi.

Poi, quando ormai avevo perso le speranze, si presenta un ragazzino di diciannove anni, maldestro e grassoccio, ma con uno sguardo da buono. Si chiama Tiziano Ferro e viene da Latina. La canzone è qualcosa di molto complicato, poco intelligibile: niente di speciale insomma, eppure all'improvviso qualcosa nella mia testa si accende. Mio marito e io ci guardiamo e ci diciamo: questo qui è uno forte.

Tiziano era indubbiamente diverso dagli altri: al di là delle doti tecniche, assolutamente solide, era dotato di una capacità comunicativa straordinaria. Non stava solo cantando, stava esprimendo tutto se stesso e lo faceva con un'intensità tale da far venire la pelle d'oca. Anche in questo caso mi successe quello che già era capitato durante il primo incontro con Gianna Nannini: nonostante non sia facile alla commozione e passi per una piuttosto coriacea, mi ritrovai in lacrime. Quando l'esibizione finì e mio marito si voltò di nuovo verso di me, rimase per un attimo incredulo. Cercai una scusa – un moscerino aveva deciso di suicidarsi sparandosi in picchiata nel mio occhio – ma era evidente che ero emozionata.

Assegnammo a Tiziano voti molto generosi. Non ci spiegavamo perché gli altri lo considerassero con sufficienza e non riconoscessero in lui lo stesso talento che avevamo visto noi. In ogni caso riuscì a entrare nella rosa dei finalisti: un ottimo risultato, se non altro perché dava diritto a un piccolo premio in denaro che sarebbe servito a coprire le spese di viaggio e alloggio che le famiglie dei ragazzi avevano dovuto sostenere per far partecipare i figli al concorso.

Tiziano non riuscì però a classificarsi fra i primi tre, perdendo così l'occasione di partecipare alla seguente edizione del Festival. Sul momento mi dispiacque per lui, ma con il senno di poi questa esclusione si rivelò una fortuna: non era del tutto maturo e forse, presentandosi subito al grande pubblico, si sarebbe bruciato.

Non appena terminata la cerimonia di premiazione dei vincitori, schizzammo dalle nostre poltroncine per precipitarci fuori e raggiungere Tiziano. Una volta faccia a faccia con lui, dopo una rapida presentazione gli comunicammo quello che pensavamo, ovvero che secondo noi era – fra tutti i partecipanti – il più dotato e promettente. Ci ringraziò, mascherando a fatica la delusione per aver mancato il risultato che si era prefisso.

Il suo viso cambiò completamente espressione quando gli proponemmo, senza preamboli, di lavorare con noi: sarebbe stato un percorso lungo e faticoso, ma se davvero ci credeva eravamo certi che avremmo ottenuto dei risultati. Lui quasi non credeva alle sue orecchie, era emozionatissimo mentre rispondeva che non desiderava di meglio, infarcendo le frasi con decine di ringraziamenti. Per un istante ebbi il serio timore che volesse saltarci al collo – il che, vista la sua mole di allora, non sarebbe stato molto salutare per la mia povera schiena.

Insomma, di lì a qualche giorno firmammo il contratto che segnò il punto di partenza della lunga gestazione, quasi tre anni, del primo disco, *Rosso relativo*. In tutto questo tempo, Tiziano fece la spola fra Latina e Milano: componeva le musiche a casa sua, poi veniva in ufficio a sottoporcele.

Nei primi tempi fu difficile tirare fuori qualcosa di buono. Alberto e io eravamo molto critici, facevamo le pulci al suo lavoro. Tutti e tre insieme, poi, ascoltavamo una quantità di musica pazzesca, contemporanea e dei decenni passati: questo perché Tiziano avesse degli esempi concreti per comprendere cosa andava e cosa no nelle canzoni che scriveva. Lui, da parte sua, aveva il merito di essere umile e paziente e di imparare in fretta. Non aveva alle spalle nessun manager e prendeva da solo tutte le decisioni, compresa quella di fidarsi di noi.

Si fidò anche quando un giorno lo chiamai da parte e gli confidai che, secondo me, avrebbe dovuto perdere peso. Ora, io non sono di certo famosa per il mio tatto, dico le cose così come mi vengono, ed ero sincera mentre gli dicevo che era un bel ragazzo e che sarebbe stato un peccato non poter associare un bell'aspetto a una bella voce, avendone la possibilità. Al di là di ogni ipocrisia, se ci si vuole ritagliare uno spazio nel mondo dello spettacolo è fondamentale curare con molta attenzione la propria immagine. Tiziano non se ne ebbe a male: sapeva che quello del peso era un problema, con il quale del resto conviveva da tempo. Mi chiese se avessi già qualcosa in mente – ovviamente sì.

Il giorno stesso lo portai da un medico nutrizionista mio amico, un professionista molto in gamba: visitò Tiziano e gli prescrisse una dieta. Disse che essendo molto giovane non ci avrebbe messo troppo a dimagrire. E aveva ragione. Quel giorno, quando lo riaccompagnai alla stazione, il nostro ragazzo era carico di buoni propositi: sapevo che se avesse messo nella dieta lo stesso impegno che metteva nella musica ce l'avrebbe fatta.

Passarono diversi mesi. Tiziano arrivava a Milano ogni due settimane e raggiungeva gli uffici della Nisa direttamente dalla stazione con un borsone a tracolla e la chitarra in spalla. A fine giornata ripartiva con la testa piena di consigli e indicazioni, pronto a rimettersi al lavoro. Con il tempo lui diventava sempre più snello e in forma e il suo lavoro migliore. Ascoltando i nuovi pezzi non potevo trattenermi dal ripetere ad Alberto questo ritornello: «Se Tiziano non ha successo, io smetto di fare questo mestiere!».

Soprattutto le musiche erano ottime: Tiziano riusciva a interpretare il gusto del suo tempo in modo originale, dotando i brani che componeva di sonorità dal respiro internazionale. Ma bisognava pensare anche alle parole. In un primo momento se ne era occupato mio marito, partorendo dei testi di cui andava abbastanza orgoglioso.

Quando li sentimmo cantati da Tiziano la prima volta, però, fu lo stesso Alberto a decretare: «Questi testi fanno schifo». Non che fossero brutti in sé: semplicemente non andavano bene per Tiziano. Si sforzava di interpretarli al meglio, ma era fin troppo evidente che non se li sentiva addosso. Lui e mio marito erano di generazioni troppo distanti, avevano tormenti e sensibilità che si esprimevano in modo diverso.

Così proponemmo a Tiziano di scrivere da sé i testi. Lui all'inizio rifiutò: diceva di non essere in grado, che il suo forte erano le musiche ma sui testi faceva schifo. L'ultima cosa che un timido come lui avrebbe voluto fare, ovviamente, era mettere nero su bianco le proprie emozioni e il proprio mondo interiore. Insistemmo: «Non ti vogliamo obbligare, ma almeno pensaci. Secondo me l'unico che può scrivere per te sei tu stesso».

Prima di sera eravamo riusciti a strappargli la promessa di rifletterci. Cosa che in effetti fece perché quando lo rivedemmo aveva scritto il testo di *Rosso relativo*. Subito dopo avercelo fatto ascoltare cominciò a tirare fuori scuse, a specificare che era solo un tentativo e che lui l'aveva detto che non era capace. Io mi avvicinai e gli diedi uno scappellotto: «Ci hai fatto perdere tutto questo tempo! Potevi dirlo prima che eri così bravo, testina!». Lo mettemmo subito al lavoro sugli altri pezzi e in poco tempo sfornò le parole di *Xdono*, *Non me lo so spiegare*, *Le cose che non dici* e altri brani ancora.

Erano trascorsi tre anni durante i quali Tiziano aveva lavorato duramente, tre anni in cui i momenti di sconforto non erano mancati e avrebbero spinto molti a lasciar perdere. Lui invece si era messo sotto a testa bassa, non si era mai lamentato e aveva superato tutti gli ostacoli, dimostrando resistenza e forza di carattere. A quel punto la metamorfosi era conclusa: da timido ragazzone impacciato e insicuro, Tiziano Ferro si era trasformato in un giovane cantante, bello e pieno di talento.

Ora toccava a me e mio marito studiare la strategia migliore per promuoverlo. Decidemmo di presentare al mondo solo cinque dei brani che aveva scritto, lasciando fuori *Non me lo so spiegare*, che si discostava dagli altri per lo stile un po' più tradizionale e melodico: ce lo saremmo tenuto come jolly da giocare a Sanremo nel caso in cui i cinque scelti non fossero andati bene.

Facemmo ascoltare questi pezzi in tutte le case discografiche, ma Tiziano non piacque a nessuno. Ovunque bussassimo ci veniva detto di no. Difficile farsi una ragione dei rifiuti che ci piovevano addosso: credevamo talmente in Tiziano che non avevamo seriamente messo in conto la possibilità di trovare delle porte chiuse.

Dopo numerosi tentativi andati a vuoto, mio marito cominciò a perdere le speranze: «Mi sa che stavolta ti tocca davvero cambiare mestiere». Io saltai su incazzata nera: «Sai che ti dico? Piuttosto lo produciamo noi!». Prendemmo la decisione su due piedi, senza pensarci, perché credevamo davvero nel potenziale di ciò che avevamo tra le mani: non serviva altro per convincerci a investire i nostri soldi.

Prima però facemmo un ultimo tentativo. Ci rivolgemmo a Fabrizio Giannini, allora direttore artistico della Warner: quando lo incontrammo entrò subito in sintonia con Tiziano, che ci aveva accompagnato di persona. Giannini ascoltò i pezzi e ne fu entusiasta. Era intenzionato a produrre il disco, ma, ci disse, non poteva farlo subito: il suo contratto con la Warner stava per scadere ed entro pochi mesi sarebbe passato alla EMI. Gli avrebbe fatto piacere portare in dote Tiziano; farne, cioè, il primo progetto da lanciare nella nuova azienda.

Decidemmo di aspettare. Arrivò giugno e finalmente, ai primi del mese, *Rosso relativo* vide la luce. Era lo stesso periodo in cui la già citata *Tre parole* di Valeria Rossi impazzava nelle classifiche. Le radio la passavano in continuazione, mentre *Xdono*, il singolo sul quale avevamo puntato, otteneva passaggi molto più scarsi. La prima volta che Tiziano sentì la sua canzone alla radio si trovava in macchina e mi chiamò tutto emozionato: «Lo senti?» mi chiedeva, mettendo il telefono accanto alle casse e alzando il volume. «Questi siamo noi!» La sua felicità era contagiosa.

Xdono cominciò a prendere piede verso la fine di luglio e a settembre era già alta in classifica. Le vendite si erano impennate e all'improvviso Tiziano era diventato un fenomeno. Fu come un incendio inarrestabile, che dilagò ben presto oltre confine, in tutta Europa e poi anche in America latina e negli Stati Uniti. Non era mai accaduto che un artista ottenesse un simile successo internazionale con il primo disco. E a dire il vero nemmeno noi, durante la lavorazione dell'album, avevamo osato immaginare che *Rosso relativo* sarebbe presto diventato *Rojo relativo*, *Rouge relatif* e *Relative Red*.

Ricordo ancora la prima esperienza di Tiziano all'estero per presentare il suo disco: eravamo a Parigi, in un grande music store sugli Champs-Elysées, davanti a tutta la stampa francese di settore accorsa a vedere l'esordiente italiano che si era già piazzato al secondo posto in classifica. Il negozio traboccava dei dischi e dei cartelloni che ritraevano Tiziano. Lui, pur avendo un traduttore a disposizione, alla fine della conferenza ci sorprese tutti prendendo il microfono e facendo un discorso di ringraziamento in francese, con una discreta pronuncia. I presenti apprezzarono molto, e lo ripagarono con un applauso caloroso.

Da lì, poi, Tiziano cominciò a promuovere il disco in tutta Europa: Germania, Spagna, Svezia, Norvegia... Io all'inizio lo prendevo in giro: «Adesso ti preparerai il discorsetto anche in norvegese?». Trascorse la maggior parte dell'anno seguente fra alberghi e aeroporti: non faceva in tempo a tornare che subito doveva ripartire, la valigia non la disfaceva mai. Ogni volta che lo incrociavo durante le sue fugaci tappe italiane lo vedevo sempre più affaticato.

Dopo la Spagna partì alla volta dell'America latina, da dove poi risalì verso Miami. Lì la forte presenza di popolazione ispanica gli aveva garantito un successo strepitoso. Mi telefonava regolarmente e mi teneva aggiornata, raccontandomi di quanto gli dispiacesse sbarcare in tutti quei Paesi senza avere il tempo e l'occasione per visitarli e goderseli davvero. Alla fine delle sue giornate, trascorse fra studi televisivi e sale stampa, impegnato in una quantità sterminata di interviste, la sera tornava distrutto e faceva appena in tempo a mandare giù un boccone prima di crollare sul letto.

Io lo stavo ad ascoltare un po' preoccupata, gli raccomandavo di non strapazzarsi troppo e di mangiare bene per tenersi in forze: mi sentivo un po' come una mammina apprensiva che ha mandato il pargolo in gita per la prima volta. Contemporaneamente rompevo le balle a quelli della EMI per convincerli a rallentare il ritmo, perché secondo me lo stavano sottoponendo a uno stress eccessivo. Tiziano però andava avanti, stoico, e mi diceva di stare tranquilla.

Fu molto divertente la telefonata che ricevetti da Portorico: Tiziano non stava nella pelle, era eccitatissimo perché aveva incontrato Ricky Martin, che lo aveva cercato personalmente, curioso di conoscere questo italiano che gli aveva soffiato il primo posto in classifica. Tiziano mi confessò ridendo che quando lo aveva visto era stato lì lì per chiedergli un autografo.

Molto meno divertente, invece, fu la telefonata che ricevetti da Daniela, una collaboratrice che lo accompagnava in giro per il mondo, quando, all'ennesimo salto da un capo all'altro del pianeta, Tiziano si sentì male: una semplice indisposizione, una cosa da poco probabilmente dovuta all'affaticamento.

Mollai il telefono mentre la gentile signorina dall'altra parte del filo stava ancora parlando: piombai alla EMI, presi Giannini di petto e gli urlai, arrabbiata come una iena: «Adesso basta, lo fate tornare a casa e lo mettete in vacanza! Ecchediamine! Vi ha venduto un disco, mica l'anima!». Lui cercò di farmi ragionare e stare calma, ma io non volli né ragionare né stare calma e lo tartassai finché non promise che avrebbero rivisto l'agenda degli impegni.

Dopo un anno pesantissimo, Tiziano riuscì finalmente a respirare un po' e rientrare per qualche mese in Italia. Ma, in ogni caso, non poté concedersi un riposo troppo lungo: con il disco successivo, *111*, la giostra ricominciò a girare. Era la prova che non si era trattato di un fuoco di paglia: i suoi fan lo reclamavano ancora.

Il resto è cronaca: Tiziano continua ad avere enorme successo in tutto in mondo con i suoi album ed è riconosciuto come una delle più importanti voci del panorama musicale italiano.

E io, dal canto mio, ho vinto la sfida e non ho smesso di fare il mestiere che amo.

15.
X Factor

La mia avventura più recente comincia nel dicembre 2007. E, come vuole la tradizione delle belle storie moderne, prende avvio da una telefonata. All'altro capo del filo stavolta c'era Stefano Patara della Sony, che mi proponeva di partecipare a un programma televisivo. «Cosa c'entro io con la tv?» chiesi perplessa. Mi rispose che si trattava di fare da giudice in un talent show musicale, ideato dall'inglese Simon Cowell, produttore discografico e televisivo oltre che grande scopritore di talenti. Si chiamava *X Factor*. Rai 2 aveva acquistato il format e voleva lanciarne l'edizione italiana. Stefano era sicuro che sarei stata perfetta per quel ruolo. Ci pensai un po' su: quello della televisione era per me un mondo totalmente nuovo e sconosciuto, e la proposta mi arrivava in maniera del tutto imprevista. D'altra parte, la colonnina di mercurio della mia curiosità era già salita oltre i livelli di guardia.

Il giorno dopo mi presentai alla Sony e chiesi ulteriori lumi a Patara. Per tutta risposta lui infilò nel suo computer un cd e fece partire un video del programma inglese. Vi si vedeva un ragazzo che si esibiva in uno studio televisivo davanti a una giuria. Alla fine della performance veniva letteralmente massacrato da uno dei giurati, Simon Cowell in persona, che gli diceva di tutto: non sai cantare, non hai personalità, con la faccia che ti ritrovi non andrai da nessuna parte. Nonostante la cattiveria estrema di questo signore rimasi molto colpita dall'idea di fondo del programma, ma espressi seri dubbi sulla mia capacità di essere altrettanto severa e tranciante nei giudizi – nel privato magari sì, ma non davanti a una telecamera che mostrava la mia faccia in tutta Italia! Mi sarei sentita obbligata a essere carina, gentile, educata, tutta complimenti e salamelecchi. Non ce l'avrei fatta a dimostrarmi abbastanza cattiva. Patara mi guardò con un sorriso sornione, come se fosse a conoscenza di un segreto che io ancora ignoravo, e si limitò a replicare: «Vedremo». Comunque, esposte le perplessità del caso, ero ansiosa di passare all'azione. «Allora, cosa devo fare?»

Per la legge del contrappasso, gli aspiranti giudici erano chiamati loro stessi, per primi, a sottoporsi a un provino. Oltre a me, molti altri personaggi erano stati contattati per quel posto e gli autori e i produttori del programma dovevano stabilire chi di noi fosse dotato di quel «fattore X» che l'avrebbe reso il membro ideale della giuria. Si trattava di mettere alla prova, oltre alla competenza professionale, anche – e forse soprattutto – il nostro atteggiamento di fronte alle telecamere, la resa sullo schermo, la capacità di sentire i tempi televisivi.

Il mio provino lo affrontai insieme a Pierpaolo Peroni, Stefano Senardi e Morgan. Il tutto si svolgeva come una normale puntata del programma, con alcuni ragazzi che si esibivano e noi che dovevamo valutarli. Conoscevo già gli altri giurati, compreso Morgan, con il quale avevo lavorato molti anni prima, ai tempi dei Bluvertigo. Devo dire che mi divertii molto già durante l'incontro di selezione. Quando devo superare un esame mi lascio andare, non attuo strategie, non mi faccio prendere dall'ansia. Eseguo il compito d'istinto, come mi viene, o la va o la spacca.

Alla fine del test avevo capito definitivamente che, se mi avessero scelta per *X Factor*, mi sarei divertita come una pazza. Ma non mi facevo illusioni, i nomi in lizza erano molti e decisamente più noti al pubblico del mio.

Passarono dieci giorni, durante i quali dimenticai del tutto il provino. Ero convinta che fosse finita lì e che non mi avessero presa, e comunque avevo un sacco di lavoro da sbrigare. Non ci pensavo proprio più. Invece arrivò una seconda telefonata di Patara: voleva vedermi il giorno dopo nel suo ufficio.

Nuovo appuntamento, nuovo incontro. Non sapevo cosa aspettarmi e la sua aria compunta e sibillina non mi aiutava di certo a capire. Anche questa volta fece comparire un dvd e lo inserì nel lettore del computer. Era il video della selezione cui avevo partecipato: ebbi modo di rivedermi mentre distruggevo psicologicamente un'aspirante cantante, mi accapigliavo con uno degli altri giurati perché secondo me stava sparando una sequela di scemenze, sproloquiavo sulla mancanza di comunicatività dei concorrenti, e infine mandavo a quel paese Morgan. Era come stare a guardare un'estranea, non avevo assolutamente idea di aver dato un simile spettacolo. Patara, che per tutto il tempo mi aveva guardata sorridendo con quel suo fare sornione, domandò: «Cosa dicevi a proposito della tua mancanza di cattiveria?». Ammisi di essermi sottovalutata. Se voleva farmi vergognare di me stessa, ebbene ci era riuscito. «Macché! Per noi sei perfetta!» concluse entusiasta.

Se non alzai i pugni al cielo come fanno i ragazzi quando superano le prime selezioni fu solo perché mi imposi un contegno adeguato alla mia età. Però non stavo nella pelle. Certo, se fossi stata appena un poco più riflessiva forse mi sarei posta delle domande sulla percezione completamente sbagliata che avevo di me stessa, ma decisi di rimandare interrogativi così complessi a un altro momento. I miei pensieri andavano tutti alla nuova avventura che stava per cominciare. Tornando a casa avevo ancora un sorriso ebete stampato sulla faccia. A mio marito e alle mie figlie bastò uno sguardo per sapere come era andata.

Provini

Qualche giorno dopo mi comunicarono che oltre a me era stato scelto anche Morgan. Il terzo giudice invece sarebbe stata Simona Ventura, che rappresentava l'elemento televisivo all'interno della giuria e non aveva quindi bisogno di passare attraverso selezioni. Ci incontrammo per conoscerci e in quell'occasione il direttore di Rai 2, Antonio Marano, ci fece il suo in bocca al lupo. C'era un'atmosfera di grande attesa intorno al programma. Marano aveva puntato molto sulla buona riuscita dell'impresa, era convinto che, come nel resto del mondo, anche in Italia *X Factor* sarebbe diventato un fenomeno di culto. Chissà che anche noi non avremmo avuto la nostra Leona Lewis, che, dopo aver vinto la terza edizione dello show britannico, era poi salita in vetta alle classifiche con il primo disco.

La grande macchina dello spettacolo si mise in moto.

La prima fase, quella dei provini, puntava a selezionare i ragazzi da portare in trasmissione. Giunti a questo punto, eravamo noi a giudicare i concorrenti. Ovviamente, una prima scrematura era già avvenuta prima del nostro arrivo, e da questa erano emersi circa seicento artisti – tra solisti e gruppi – scelti fra gli aspiranti che si erano presentati da tutte le città e i paesi della penisola. Il nostro compito consisteva nel ridurre il numero a dodici, quattro per ogni categoria: gruppi vocali, ragazzi fra i sedici e i ventiquattro anni e ragazzi dai venticinque in su. Vedevamo circa settanta concorrenti al giorno, un lavoro enorme, che richiedeva grande concentrazione e lucidità mentale.

Il singolo provino durava circa cinque minuti: il concorrente cantava a cappella un pezzo a sua scelta e noi davamo il nostro giudizio. Due sì gli valevano l'accesso alle selezioni successive, due no l'esclusione. Se non eravamo convinti chiedevamo di ascoltare un altro pezzo, di solito in italiano, quindi arrivavamo alla scelta definitiva. Raccontato così sembrerebbe un procedimento tutto sommato semplice e sbrigativo, ma in realtà ogni esibizione richiede un grande sforzo sia da parte dell'esaminato sia da parte della giuria. In pochissimo tempo il concorrente deve dare tutto per sfruttare al meglio la sua occasione e noi dobbiamo essere in grado di capire praticamente ogni cosa di lui: non solo se canta bene, ma se ha personalità, se è abbastanza maturo per un'esperienza in televisione, se ha margini di crescita e miglioramento.

Eravamo consapevoli del fatto che molti ragazzi avevano investito una quantità di sogni e speranze sui loro cinque minuti. Una bella responsabilità per noi che li dovevamo giudicare. Nel corso della giornata sentivo così tante voci e vedevo così tante facce che quando rientravo a casa, in serata, la testa mi scoppiava.

Se gli artisti sono persone molto particolari, imprevedibili e piene di contraddizioni, gli aspiranti artisti sono una giungla di tipi umani in cui è davvero difficile districarsi. Nel corso di questi due anni e mezzo di esperienza ho messo a punto una griglia di categorie che, in modo ampio, possono riunire alcuni particolari gruppi di soggetti.

Innanzitutto ci sono quelli che cantano male e quelli che cantano bene. Per fortuna, grazie alle selezioni preliminari, di incapaci ne abbiamo incontrati davvero pochi. Di solito, quando ci capita di assistere a una cattiva performance, le possibilità sono due: o il concorrente ha avuto fortuna nei provini precedenti, per cui è stato sopravvalutato – «graziato», direi io – oppure è davvero bravo ma non riesce a dimostrarlo – e siamo di fronte a un «emotivo». Nel primo caso l'esclusione è sicura, mentre nel secondo occorre cercare di mettere in pratica un po' di psicologia spiccia e considerare, oltre al valore dell'artista, anche la sensibilità della persona. La capacità di incanalare e gestire la propria emotività fa parte di questo mestiere e noi dobbiamo capire se l'emotivo in questione ha le risorse per superare la propria defaillance o se invece a lungo andare questa si potrebbe rivelare un vero e proprio blocco. Dispiace molto bocciare un ragazzo, che pure si intuisce talentuoso, a causa di una performance mediocre, eppure gettare nella mischia un artista anche molto bravo ma ancora immaturo dal punto di vista psicologico è un errore. Le sue prestazioni ne risentirebbero e noi avremmo fatto un cattivo servizio sia a lui sia al pubblico, che giustamente vuole assistere a uno show, non a uno psicodramma.

Un'altra categoria abbastanza corposa è quella degli «immodesti». Sono persone che credono di essere molto più dotate di quanto in realtà non siano. Quando devono affrontare un rifiuto, piuttosto che prendersi del tempo per riflettere e magari mettersi in discussione, preferiscono accusare e criticare chi li giudica. Sono quelli che pensano di essere vittime di un complotto o geni incompresi. Mi ricordo che a uno dei provini si presentò una ragazza. Ancora prima di cominciare, quando le chiedemmo cosa ci avrebbe fatto ascoltare, disse con una certa aria di sfida: «Canto un pezzo di Janis Joplin, una grande artista che purtroppo i discografici italiani non conoscono». Se voleva provocarmi c'era riuscita. La lasciai esibire: non era niente di eccezionale. Meglio così perché in caso contrario, lo ammetto, mi sarebbe costato parecchio promuoverla. Quando ebbe finito la guardai da sopra gli occhiali e, con molta calma, le feci notare che non è una mossa molto intelligente dare dell'ignorante a chi sta per giudicarti. «Comunque» aggiunsi, «una cosa è certa: tu *non sei* Janis Joplin.» E con questo la congedai.

Se gli «immodesti» provocano antipatia, c'è una categoria che, al contrario, suscita tenerezza: quella dei «timorosi». Sono persone molto in gamba che non sanno di esserlo o non osano ammetterlo. Li riconosci perché si presentano di fronte alla giuria quasi in punta di piedi e la prima cosa che fanno è mettere le mani avanti: «Sono un po' giù di voce», oppure «Ho scelto questo pezzo ma non so se è giusto», o ancora «Sono qui solo per gioco, non faccio sul serio». Insomma, sembra vogliano chiederti scusa per essere venuti a romperti le scatole. Non tutti poi sono in grado di superare il provino, ma anche nel bocciarli ti senti in dovere di lanciare loro un segnale d'incoraggiamento: bisogna credere in quello che si fa!

Per quanto riguarda l'aspetto più squisitamente tecnico, invece, i cantanti possono essere più o meno bravi, avere timbri di voce più o meno originali, estensioni più o meno ampie. Sono parametri che noi giudici dobbiamo conoscere e tenere in considerazione.

Ma se c'è qualcosa che fa davvero la differenza è proprio il cosiddetto «X Factor». Se dovessi definirlo in poche parole direi che l'«X Factor» è la capacità di un artista di comunicare con un linguaggio universale, di arrivare lontano, a tutti e in profondità. In base a questo metro di valutazione, gli artisti si dividono in due sole categorie: quelli che ce l'hanno e quelli che non ce l'hanno. Ogni giudice ha un suo modo di riconoscerlo: io avverto una strana sensazione, come un allarme che scatta, una lampadina che si illumina.

Mi è capitato, durante i provini, di ascoltare interpreti perfetti dal punto di vista tecnico, che cantano rispettando per filo e per segno tutte le regole del bel canto, e di restare del tutto indifferente. In questi casi è davvero difficile giustificare una bocciatura. In genere si promuove il candidato alle selezioni successive, riservandosi così la possibilità di riascoltarlo in un secondo momento. Se però anche andando avanti il «rilevatore di X Factor» non trasmette segnali, tendo a preferire cantanti meno dotati ma più comunicativi. I miei modelli di riferimento in situazioni del genere sono artisti come Jovanotti o Lucio Battisti che, pur privi di qualità canore straordinarie, hanno lasciato la loro impronta nella musica pop grazie a un grande carisma.

Bootcamp

Finiti i provini si passa alla fase successiva: quella dei *bootcamp*. I concorrenti vengono ripartiti in base alle tre categorie, ognuna delle quali viene assegnata a un giudice che ne diviene il caposquadra. Quindi ogni giudice si ritira in un posto tranquillo per lavorare insieme ai suoi artisti e decidere chi di loro parteciperà alla trasmissione. Il primo anno io mi occupavo dei ragazzi tra i sedici e i ventiquattro anni e il *vocal coach* che mi assisteva era Niccolò Fragile; nella scorsa edizione, invece, mi è stata assegnata la categoria dei gruppi vocali e lavoravo con Gaudi.

Lo scopo del *bootcamp* è quello di conoscere meglio i ragazzi per essere in grado di compiere una selezione più accurata. In questo senso la presenza del *vocal coach* è fondamentale. È lui che deve indirizzare l'artista, correggerne gli errori e cercare i suoi punti di forza, in modo che il giudice possa ascoltarlo al massimo delle sue possibilità. Durante la fase dei *bootcamp*, poi, ci si trova a stretto contatto con i concorrenti e si ha modo di instaurare con loro rapporti più diretti. Giorno dopo giorno impari a conoscerli e a scoprire le loro personalità, i loro tic, le fragilità.

Quello che mi piace di loro è che tutti, dal primo all'ultimo, sono dei veri sognatori, persone che sperano, che portano avanti illusioni e aspirazioni a costo di grandi sacrifici. Il tipo di persone dalle quali una cinica come me finisce sempre per essere conquistata.

Dopo averteli fatti allevare per un po' e averti dato modo di affezionarti, però, la dura legge dello show impone una scelta: da un numero che oscilla tra i cinquanta e i settanta solo quattro passeranno l'ultima selezione. La decisione a volte è difficilissima. Un caso particolarmente complicato mi si presentò durante la prima edizione di *X Factor*, quando mi era stata assegnata la categoria dei giovani: a un certo punto mi trovai a dover scegliere fra Tony e Valerio Scanu. Erano entrambi molto dotati e avevano quasi la stessa età. Alla fine optai per l'esclusione di Valerio per un semplice motivo: era il più giovane dei due, e aveva ancora qualche anno di scuola davanti. Tony non era molto più grande, ma almeno aveva terminato le superiori e aveva un pizzico di maturità in più, quanto bastava per prendere sul serio questo mestiere e capire che non è un gioco. Congedando Valerio gli dissi che lo avrei risentito volentieri una volta terminati gli studi. Evidentemente, però, lui aveva fretta di gettarsi nella mischia perché poi partecipò ad *Amici*, con successo.

Trattare con la categoria dei giovani è una questione delicata, per questo ci vado sempre molto cauta: i ragazzi sono inesperti e non hanno ancora personalità ben strutturate. Bisogna prenderli per mano e accompagnarli, cercare di capire cosa è meglio per loro e consigliarli di conseguenza. In questo caso il ruolo del giudice è particolarmente difficile, perché si ha a che fare con soggetti in fase di crescita, le cui evoluzioni sono assolutamente imprevedibili.

Il problema maggiore con i gruppi, invece, è il fatto che possono solo cantare e non è loro consentito suonare: senza dubbio è una regola che li penalizza, soprattutto se sono degli strumentisti di tutto rispetto, come nel caso dei Bastard Sons of Dioniso.

Ascoltandoli ai provini avevo avuto un po' di perplessità. Innanzitutto partivano con un inevitabile svantaggio, il nome, impronunciabile per molti e soprattutto per me. Avevano però recuperato alla grande durante la prima audizione davanti a tutti e tre i giudici, cantando un pezzo dei Beatles e facendo un'ottima impressione. Al secondo provino, con me e Gaudi soltanto, però, non furono altrettanto brillanti. Perciò chiedemmo loro di proporre un altro brano, in italiano. I «tre trentini» si ripresentarono poco dopo con un pezzo di fine Cinquecento. Ed erano bravi, d'accordo, ma dovetti fare un grosso sforzo per restare calma.

Ma come? Io davo loro un'altra possibilità e se la bruciavano portandomi un brano impossibile da collocare in qualsiasi categoria?! Questi ragazzi, con le loro trovate barocche, stavano mettendo a dura prova la mia pazienza. Quando ebbero terminato li rimproverai ben bene: ero tentata di bocciarli, ma ancora una volta dentro di me una vocina diceva che i tre avevano «qualcosa». Così mi accontentai di fargli prendere un po' di paura, ma alla fine li presi.

In trasmissione, per ovviare al fatto che non potevano suonare e per far emergere comunque la loro anima rock, ho sempre scelto brani con una certa energia. Mi rendevo conto che non tutto il pubblico della prima serata di Rai 2 potesse conoscere e apprezzare gruppi come i Ramones, gli Aerosmith, i Depeche Mode, ma dare ai Bastard pezzi troppo commerciali significava mortificarli. Più di una volta mi sono scontrata con la produzione, che premeva per brani più popolari: ho tenuto duro e l'ho spuntata. E devo dire che il risultato mi ha soddisfatto in pieno.

Starlette televisiva

Era la mia prima volta in tv. Prima di *X Factor* non avevo mai messo piede in uno studio televisivo e ignoravo i complessi meccanismi che stanno dietro una diretta. Già nei camerini mi girava intorno uno stuolo di personaggi: autori, assistenti degli autori e assistenti degli assistenti che dovevano chiedermi, comunicarmi, controllare, verificare di tutto e di più. Mi dicevano di stare calma e di pensare solo a essere me stessa. Io a dire il vero ero tranquillissima, gli unici agitati a me sembravano loro. Il mio lavoro era un altro e quella che stavo vivendo era solo un'esperienza insolita e un po' pazza che, invece di mettermi ansia, mi incuriosiva parecchio.

Solo una domanda mi assillava: come sarei venuta in tv?

Lo studio prima della ripresa era un ambiente un po' freddo, al primo impatto dava l'idea di una navicella spaziale. Morgan e Simona erano già ai loro posti e io mi sedetti accanto a loro. Francesco Facchinetti parlottava con uno degli autori mentre la truccatrice finiva di sistemargli il fondotinta. Intorno si agitava la solita folla di tecnici occupati nelle mansioni più diverse. Le telecamere, creature vagamente inquietanti a metà strada fra il robot e il predatore preistorico, inquadravano i nostri volti. Eravamo pronti.

Al segnale della messa in onda, tutti corsero a nascondersi nei loro buchi come ragnetti spaventati. Solo i giudici e il presentatore restarono sul palco in un silenzio sospeso. Conto alla rovescia: tre, due, uno... Un'esplosione di luci. Lo show aveva inizio.

La prima serata di *X Factor* fu per me una rivelazione: al di qua dello schermo la tv è molto più eccitante che dal salotto di casa. Insomma, mi divertii da matti, e lo stesso accadde nelle puntate seguenti. A fine serata mi sentivo sfinita ma soddisfatta, ed ero felice più che mai di essere salita sul carrozzone dello show televisivo.

Quando rividi la registrazione della puntata, però, ebbi un piccolo shock: quella signora in video non ero io! Quella era in tutto e per tutto una mia vecchia zia di Bologna! Una somiglianza impressionante che mai prima di allora, né in foto né allo specchio, era emersa in maniera tanto lampante. Fu un colpo. Non che mi illudessi di essere giovane e gnocca, ma proprio non riuscivo a riconoscermi: ero in preda a una crisi d'identità. Mio marito e le mie figlie, mentendo spudoratamente, mi assicuravano che stavo benissimo. Non erano per niente convincenti.

La settimana successiva, prima della seconda diretta, con l'aria di quella che passa di lì per caso, mi avvicinai a un cameraman: «Senti un po', com'è che la Ventura in video sembra una Barbie e io la Befana?». Non si poteva usare una telecamera speciale, come quella di Silvio Berlusconi, in grado di correggere tutti i difetti? O almeno mettere una calza sull'obiettivo, come si faceva una volta? Il cameraman mi spiegò gentilmente che l'immagine era già al suo meglio. Poi evidentemente capì e si mosse a compassione, perché si affrettò ad aggiungere: «Lei non ha bisogno della calza, comunque: è assolutamente telegenica».

Neppure lui mi convinse. È stata solo l'abitudine a farmi riconciliare con la mia immagine televisiva. A forza di guardarmi ho riconosciuto sempre più me stessa dietro le sembianze della vecchia zia. E poi, dopo un po', mi è venuto in soccorso il consueto senso pratico: inutile stare a dannarsi per qualche ruga. Questa è la mia faccia e me la tengo. La chirurgia plastica l'ho anche presa in considerazione: in fondo che male ci sarebbe? Lo fanno tutti. Ho abbandonato l'idea, però, quando ho cominciato a riflettere su quali fossero gli interventi cui sottoporsi: la lista era talmente lunga da scoraggiare chiunque. Non ne vale la pena. E poi, quando le rughe proprio non mi vanno giù, ripenso alla grandissima Anna Magnani, che una volta alla sua truccatrice disse: «Mimì, che sei matta? Me togli le rughe? C'ho messo tanto a farmele veni'!».

Vincitori e vinti

In soli due anni *X Factor* si è rivelato un successo straordinario ed è diventato una programma cult della televisione italiana. Sul suo palcoscenico sono transitati molti giovani artisti

– oltre che ospiti prestigiosi – e il mondo della discografia si è nutrito di questo grande spettacolo. Non sempre, però, i vincitori dello show hanno retto all'impatto con una realtà diversa da quella del talent show.

Il problema con *X Factor* è che nel chiuso di uno studio televisivo le cose sono un po' falsate: ci sono le luci, le coreografie, la scenografia. E soprattutto le canzoni che i concorrenti presentano sono successi già collaudati. Fuori di lì è molto diverso, e sopravvivere alle spietate leggi del mercato discografico è difficile. Ci riesce soltanto chi ha una forte personalità e contenuti originali da proporre al pubblico.

È il caso di Giusy Ferreri che, pur non avendo vinto, ha avuto un esordio travolgente vendendo centinaia di migliaia di dischi. Durante la prima edizione del programma Simona Ventura ha puntato tutto su di lei, finendo per convincere l'Italia intera. Ciò che distingue Giusy dagli altri e che l'ha resa famosa è la grande riconoscibilità della voce: appena la senti sai che è lei. Certo, la sua timbrica ricorda un po' quella di Amy Winehouse, ma nel nostro panorama musicale non ha paragoni. E poi Giusy ha personalità, è determinata e sicura di sé. Me ne resi conto un giorno durante una prova: lei cantava *La bambola* ballando su un tamburo e, nonostante il suo non fosse un fisico perfetto, si muoveva con tale disinvoltura e sensualità da risultare magnetica. Quando Simona venne a sussurrarmi nell'orecchio che la ragazza avrebbe avuto successo non potei che convenire.

Se il merito di Simona è stato quello di aver individuato le potenzialità di Giusy, il merito di Giusy è stato quello di esprimerle al meglio attraverso scelte azzeccate. Dopo *X Factor* si è affidata a Fabrizio Giannini, il manager di Tiziano Ferro, e si è messa a lavorare sodo con lo stesso Tiziano e con Michele Canova. E i risultati non sono mancati: un primo disco con le canzoni del programma, poi un secondo di inediti, *Gaetana*, nel quale si è messa in gioco anche come autrice. Sono poi arrivati i premi, tra cui il disco di platino e il titolo di migliore rivelazione del 2008. Se per la prima edizione di *X Factor* Marano sperava in una Leona Lewis all'italiana, ebbene l'ha avuta.

Per quanto mi riguarda, le carte su cui ho puntato sono state Tony per la prima edizione e i Bastard Sons of Dioniso per la seconda.

Di Tony è uscito quest'estate il singolo *Ama calma*, che è il primo frutto della nostra collaborazione. Lui mi è piaciuto da subito per la sua freschezza: ha l'energia e la passionalità caratteristica dei teenager e la riversa tutta nella musica, sua unica ragione di vita. Per il momento le canzoni sono decisamente orientate verso un pubblico di giovanissimi, ma sono convinta che, maturando e arricchendo il proprio bagaglio, con il tempo Tony potrà parlare a un pubblico più vasto.

Anche i Bastard Sons of Dioniso che, nonostante le mie proteste, sono rimasti caparbiamente ancorati al loro nome, stanno preparando un nuovo album. Dopo aver pubblicato le cover eseguite a *X Factor*, ora sono liberi di esprimere tutto il loro estro come musicisti e come autori. Questi ragazzi sono una continua sorpresa: non solo suonano, ma sono anche colti e capaci di un'ironia intelligente e raffinata. Iacopo, che si occupa dei testi, ha un modo di scrivere molto originale, usa un italiano aulico, che recupera termini non più usati. Ad esempio, per dire «fregato dalla mia sicurezza», scrive «buggerato dalla mia baldanza». Un tipo di linguaggio che entra in collisione con la modernità delle melodie, facendo scintille. All'inizio, leggendo i testi, ero un po' perplessa, ma dopo aver ascoltato le canzoni mi sono dovuta ricredere.

Compagni di viaggio

Se l'esperienza di *X Factor* è stata tanto piacevole lo devo in gran parte ai miei colleghi giurati: Morgan e Simona sono stati ottimi compagni di viaggio in questa avventura. Fin da subito ho apprezzato di entrambi la grande professionalità, ma col passare del tempo ho scoperto anche il loro lato umano. In questi due anni ci siano amati, ci siamo odiati, abbiamo scherzato e ci siamo mandati a quel paese.

Prima di *X Factor* Simona l'avevo incontrata di sfuggita a *Quelli che il calcio...*, dove mi era capitato di accompagnare qualcuno dei miei artisti, ma non c'era mai stata occasione di conoscersi davvero. Stando più a stretto contratto con lei ho avuto conferma del fatto che la sua immagine privata corrisponde a quella che gli spettatori conoscono: una donna grintosa e intraprendente, ironica come sa essere solo chi è molto intelligente e sicuro di sé. In uno studio televisivo, circondata dalle telecamere e dai suoi ospiti, Simona è nel proprio elemento: è divertente, carismatica, sa comunicare in maniera diretta. Il mondo della musica non le apparteneva come a me non apparteneva quello della tv, eppure anche lei si è messa in gioco. Nel contesto di *X Factor*, Morgan e io ricoprivamo il ruolo dei «tecnici», mentre lei ha impersonato la voce del pubblico. Morgan a volte faceva un po' lo splendido evidenziandone una certa ingenuità nei giudizi, ma Simona era ben consapevole della sua funzione e ne ha rispettato i limiti per il bene del programma. Senza di lei non ci sarebbe stata dialettica e di conseguenza non ci sarebbe stato show. Se tutti e tre ci fossimo espressi in termini da addetti ai lavori, i telespettatori avrebbero cambiato canale dopo il primo minuto.

Simona ha dimostrato inoltre di avere un ottimo istinto nell'individuare i talenti: faceva delle scelte di pancia e non sbagliava quasi mai. Per esempio, con Giusy Ferreri ha avuto un vero e proprio colpo di fulmine. L'ha sentita e ha deciso su due piedi che era lei il cavallo sul quale puntare. Il resto poi lo hanno fatto i *vocal coach* che si sono presi cura di lei, ma di certo il merito della scoperta va tutto a Simona. Il successo che Giusy ha ottenuto dopo *X Factor* ha compensato la mancata vittoria e ha regalato anche alla Ventura una bella rivincita. Soprattutto nei confronti delle frecciate da intellettuale un po' spocchioso di Morgan.

Morgan lo conoscevo già prima di arrivare in tv. Tra il 1992 e il 1993 avevamo lavorato insieme, perché mio marito e io ci eravamo messi in testa di lavorare con i Bluvertigo, il suo gruppo di allora. Li avevamo sentiti suonare in un locale di Milano, un posto che si trovava in via Larga e si chiamava Sali e Tabacchi. Lui era uscito sul palco vestito da pellerossa, con i capelli lunghi fino alla vita, annodati in una serie di treccine. Era il suo modo di dire che si era autoghettizzato, perché rifiutava la società con i suoi condizionamenti e le sue sovrastrutture. Si sentiva un po' un indiano in una riserva, insomma. Alberto e io avevamo lasciato quel concerto consapevoli di essere alle prese con un vero personaggio. Le canzoni non ci avevano fatto impazzire ma Morgan aveva una carica tale che, cantando, sarebbe stato in grado di rendere appassionante anche l'elenco del telefono.

Lo contattammo e riuscimmo anche a stimolare l'interesse di Stefano Senardi, allora presidente della Polygram.

Ben presto, però, la collaborazione con Morgan si rivelò problematica. Secondo noi i pezzi che scriveva mancavano di struttura: avevano delle trovate interessanti ma non erano abbastanza popolari, non avevano quell'immediatezza che avrebbe permesso loro di arrivare al pubblico. Quello che per noi era un punto di debolezza, però, per lui era un punto di forza: non gli interessava parlare a tutti, gli bastava essere capito da pochi. Le nostre visioni in fatto di musica erano diametralmente opposte. Alberto e io cercammo di convincerlo a fare qualcosa di più accessibile, ma lui era saldamente ancorato alla sua ermeticità. Voleva starsene dentro la sua riserva e fare quello che gli pareva, così il nostro tentativo di «volgarizzazione» fallì miseramente.

Le nostre strade si separarono per poi finalmente ricongiungersi a *X Factor*.

Qui ho ritrovato un Morgan diverso: ora, invece che da indiano, si veste da baronetto inglese, al posto delle treccine sfoggia una candida chioma alla Rita Levi Montalcini, da ragazzo incazzato con il mondo si è trasformato in un uomo maturo e consapevole, dal linguaggio forbito ed elegante e dall'ironia tagliente. Eppure in una cosa è sempre rimasto sempre fedele a se stesso: l'eccentricità. Morgan è costituzionalmente refrattario all'omologazione: non ha bisogno di atteggiarsi, perché essere «strano» e «diverso» gli viene spontaneo. La sua immagine risulta sofisticata perché lui *è* sofisticato: ciò che esprime passa attraverso il filtro del suo bagaglio culturale vastissimo e della sua vulcanica creatività.

In qualità di giudice parla con cognizione di causa, va sempre al fondo delle cose, conosce la storia della musica così come la tecnica, e sa utilizzare queste conoscenze per trovare soluzioni originali. Con i concorrenti è severo ma anche capace di grandi entusiasmi. Il valore aggiunto che ha apportato alla giuria è la sua esperienza diretta sul campo e la capacità di uscire fuori dagli schemi, di elevarsi sempre al di sopra degli stereotipi.

Dopo queste sviolinate posso finalmente permettermi di dire che sia Simona sia Morgan, in diversi momenti, hanno suscitato in me istinti omicidi. Sarà che per farmi andare il sangue alla testa non ci vuole poi tanto... ma devo dire che loro si sono dati da fare. Alcuni amici, dopo aver visto certe puntate, mi hanno chiesto come facevamo a fingere di litigare così bene: «Sembrava vero!» mi confessavano ammirati. Bene, voglio sgomberare il campo da ogni equivoco: le arrabbiature che mi sono presa non erano messe in scena. Erano arrabbiature belle e buone. Il fatto è che, andando in diretta, uno non sa mai cosa succederà nel corso della trasmissione, e controllare le proprie reazioni di fronte a un imprevisto non è facile.

Inoltre, gli autori del programma non ci permettono di visionare in anticipo i video girati durante la settimana, e ognuno di noi li vede per la prima volta insieme ai telespettatori. Così, per esempio, io venivo a sapere solo in diretta cosa avevano detto di me i miei colleghi. Se qualcosa non mi stava bene, telecamere accese o spente, non lo facevo passare sotto silenzio. Come quella volta che Morgan mise in dubbio la mia capacità di giudicare un cantante, basandosi sul fatto che sono stonata. Era una critica che non potevo accettare, perché il mio mestiere consiste nel guidare l'artista nelle scelte, non è quello di intervenire direttamente sul suo lavoro. Se ha bisogno di esercitare la voce non mi metto io a fargli lezioni di canto, mi avvalgo di un *vocal coach*. Avrei potuto fare la signora e ignorare la questione, me ne rendo conto, ma di fronte a un attacco del genere il mio amor proprio mi impose di reagire.

Ora che ci penso, a dire il vero, di occasioni di accapigliarmi con i miei colleghi non ne ho persa una. Poi, magari, rivedendomi a casa mi pentivo di essermi lasciata andare, ma non potevo farci nulla: una volta in studio tutti i buoni propositi svanivano di colpo.

A quanto sembra, però, il mio modo di fare ha conquistato una bella fetta di pubblico. Non me lo spiegherò mai, ma da un momento all'altro sono diventata una specie di starlette, un po' in ritardo rispetto all'età media della categoria.

X Factor riprende in questi giorni con una nuova formazione. All'inizio dell'estate tutte le riviste e i siti che si occupano di tv e spettacolo ne hanno parlato abbondantemente. Di colpo si sono scatenate le previsioni su chi sarebbe stato il successore di Simona e sui blog viaggiavano vari nomi, con relativi sondaggi e pareri da parte dei telespettatori. A un certo punto sembrava che i sostituti sarebbero stati addirittura due. Fino a quando non è uscito il nome di Claudia Mori. Il pubblico di *X Factor* si è ovviamente espresso sulla scelta, avanzando anche qualche perplessità: c'era chi riteneva non ci fosse bisogno di un'altra discografica e chi metteva in dubbio la sua capacità di fare presa su un pubblico giovane.

Raccogliere l'eredità di Simona e sostituirla nel cuore dei fedelissimi non sarà di certo facile, ma credo che Claudia abbia tutte le carte in regola. Il fatto che sia più in là con l'età non sarà un problema: non è per niente scontato che per piacere a un pubblico giovane si debba essere giovani. Io, per esempio, con i miei sessantotto anni, ho uno stuolo di ammiratori tra i giovani dai cinque ai quarant'anni che nemmeno nei sogni più sfrenati avrei osato immaginare. E non temo neanche la possibile sovrapposizione con il mio ruolo: abbiamo entrambe caratteri forti, ognuna di noi ragiona con la sua testa e di certo tireremo fuori le nostre idee. Claudia ha già dichiarato che sarà cattivissima e questo lascia ben sperare. Per quanto orfani della Ventura, ci prepariamo ad accoglierla nella grande famiglia di *X Factor*.

The show must go on…

16.
X Factor terza edizione: pronti, via!

Una terrazza verde affacciata sulla campagna tra Lombardia ed Emilia. Siamo nel giardino di Villa Litta Carini, una splendida dimora nobiliare che sorge al centro del triangolo compreso tra Lodi, Piacenza e Pavia. A fine luglio lavorare nel mezzo della bassa ha il suo prezzo – a ogni passo ci si imbatte in qualcuno che si cosparge di lozione antizanzare e gli zampironi bruciano per tutto il giorno – ma di sicuro il colpo d'occhio qui è più appagante di quello dei soliti studi televisivi, in piena periferia milanese.

Mentre mi aggiro nel giardino sul retro dell'edificio so che, dall'altra parte della villa, sparpagliati sui gradini che portano al colonnato d'ingresso, i ragazzi in attesa di conoscere il loro destino chiacchierano, provano i pezzi che canteranno se passeranno alla fase successiva. Ovunque, poi, tecnici e addetti della produzione si muovono indaffarati spostando sedie e suppellettili, arrotolando o srotolando cavi, chiamandosi da una parte all'altra.

E finalmente eccoli qui i ragazzi, tutti schierati sul prato, in attesa di sapere quali sono gli otto che, scelti fra i diciotto emersi dalle selezioni precedenti, ho deciso di rivedere per l'ultima scelta, quella da cui usciranno i quattro che porterò in trasmissione a settembre. Avendo a che fare anche quest'anno con la categoria dei gruppi, mi trovo di fronte un plotone di oltre cinquanta persone in grado di mettere a dura prova la pazienza del regista e dei suoi assistenti, impegnati dal canto loro a dare istruzioni il più delle volte inascoltate.

Chiamo un gruppo per volta. I ragazzi fanno un passo avanti e si mettono dritti davanti a me che, implacabile, comunico il verdetto, spiegando soprattutto agli esclusi i motivi della mia decisione. Le espressioni sui volti che mi sfilano davanti mostrano chiaramente cosa passa dentro la testa di ciascuno: gioia incontenibile o bruciante delusione, felicità incredula o rabbia soffocata.

E alla fine eccoli qui, gli otto gruppi che oggi pomeriggio risentirò per l'ultimissima fase delle selezioni: The Menlove, Horrible Porno Stuntmen, Diamond Sisters, A&K, Yavanna, Sorrows, Onde Road e Luana Biz.

Si comincia alle due, in una delle stanze al primo piano: grandi finestre affacciate sui campi, io e Alberto seduti dietro un tavolo e, di fronte a noi, lo spazio per l'esibizione degli artisti: ciascuno deve presentare un brano della durata di un minuto e mezzo, da cantare rigorosamente a cappella, senza alcuna base musicale.

I primi sono The Menlove, un gruppo formato da tre ragazzi: cantano *Girls & Boys*, un successo dei Blur di oltre dieci anni fa. Sono bravi, l'esibizione è impeccabile e le voci dei tre si intrecciano in modo preciso e armonioso. Niente male.

Subito dopo è la volta delle Diamond Sisters: ancora un trio, ma questa volta tutto al femminile. Entrano con passo oscillante, arrampicate su tacchi altissimi che bastano da soli a suscitare in me un moto di ammirazione: con dei trampoli del genere io sarei stramazzata al suolo nel giro di mezzo secondo, e il fatto che loro riescano a reggerli per un'intera giornata le rende degne della mia stima. Sono tutte e tre vestite di nero, molto eleganti. La canzone con cui affrontano la selezione è *Eppur mi son scordato di te*, di Battisti. Hanno deciso di proporne una versione soul: una buona scelta, che permette alle ragazze di mettere in risalto le loro doti vocali.

Terminata l'esibizione irrompe nella stanza un gigantesco arnese rosso e nero che, da solo, pare riempire il piccolo ambiente in cui siamo stipati. È un contrabbasso, il cui proprietario, membro degli Horrible Porno Stuntmen (nome impronunciabile: tutti a me devono capitare?) ha deciso di dipingere con quei colori inconsueti. Il regolamento gli impedisce di suonarlo, ma non di utilizzarlo a mo' di tamburo per accompagnare le voci del gruppo. I ragazzi, tre giovanotti romagnoli con un accento irresistibile, sfoggiano un total look rockabilly, con tanto di capelli imbrillantinati avvolti in lucidissime banane e occhiali Ray Ban alla James Dean. In pieno accordo con il look, si esibiscono in una trascinante versione di *Later*, vecchio brano degli anni Cinquanta. I piedi sotto il tavolo cominciano a muoversi da soli, la loro verve è veramente trascinante. Ho solo un dubbio da chiarire, prima di farmi prendere del tutto dall'entusiasmo: «Bravi, ragazzi, siete veramente forti. Ma c'è una cosa che avrei bisogno di capire... Perché, al di là di *X Factor*, se in generale vogliamo pensare a un vostro futuro nel mondo discografico, è necessario sapere... Voi suonate solo questo tipo di musica, così, rockabilly? Perché nel caso, al di là di cover e cose così...». «Ma no, insomma, noi facciamo un po' di tutto. Magari ci piace dare un'impronta di questo tipo qua, un po' anni Cinquanta, ma poi facciamo tutto, da quella musica lì a oggi. Nessun problema.» «Ah, ecco, bene. E allora, per esempio, potreste magari improvvisare qualcosa così sul momento, anche se non vi siete preparati? O non riuscite?» Dopo un attimo di rapida consultazione, uno di loro se ne esce con un «Ma sì, potremmo fare *Tainted Love*!». E, battendo grandi colpi sul contrabbasso, parte una fantastica versione a cappella di quello che è stato uno dei pezzi più forti degli anni Ottanta, scritto in un – raro, forse unico – momento di grazia dai Soft Cell. Mentre suonano, i nostri romagnoli si divertono come pazzi: sono simpatici, sanno improvvisare e riescono a coniugare una forte personalità con la duttilità dei veri professionisti. Non ho bisogno di sapere altro: io questi me li porto in trasmissione.

Dopo gli Horrible Porno Stuntmen è la volta di un altro scioglilingua: A&K. Detto in italiano il nome di questo duo non suona benissimo: «A e Cappa» fa schifo, fin lì ci arrivo anch'io. Ma mi impegno un minuto buono e alla fine la mia lingua riesce ad articolare un decente «Éi en Chéi»: mi appunto la pronuncia su un foglio, mica che me la dimentichi. Ed eccoli qui, un ragazzo e una ragazza giovanissimi, fanno quasi tenerezza: ma dietro ai loro faccini timidi e delicati si cela qualcosa di straordinario. Quando intonano *When You Say Nothing At All* di Ronan Keating, mi si accappona la pelle, e sono sicura che lo stesso sta accadendo a tutti gli altri presenti in sala. Sono una vera forza della natura, e vedere con quanto coinvolgimento e passione entrano nel pezzo ha del miracoloso. Ci siamo. Anche loro parteciperanno a *X Factor*.

Avanti i prossimi! Fanno il loro ingresso tre giovani donne avvolte in abiti che scendono fino a terra, svolazzanti e vaporosi, vere e proprie nuvole di tulle e veli. Tutte hanno capelli lunghi, il cui colore si sposa perfettamente a quello del vestito che indossano. Tuttavia a colpire l'attenzione di chiunque le incroci non sono né l'abbigliamento né i capelli, ma le buffe orecchie a punta, da elfo, che sbucano tra le loro folte chiome. Insomma, pare che nel mezzo della pianura padana siano spuntate tre fate, catapultate qui direttamente dalla verde Irlanda. Anche il nome del gruppo, Yavanna, rubato a un personaggio del *Silmarillion* di Tolkien, evoca panorami di dolci praterie e scogliere a picco su un oceano tempestoso. A sorpresa, però, le nostre fatine non cantano un pezzo di Enya, ma una canzone della mia italianissima amica Gianna Nannini, *Aria*. Che dire? Le doti vocali ci sono tutte, la tecnica è perfetta. Però tendono a strafare, eccedono un po' troppo volentieri in virtuosismi e acrobazie vocali, a scapito dell'interpretazione e della forza comunicativa: a tratti fatico persino a distinguere la melodia, in mezzo ai vari gorgheggi. Glielo faccio notare. Una di loro, pur dandomi ragione, ribatte che, avendo a disposizione un provino brevissimo, si sono trovate costrette a concentrare tutto in uno spazio limitato. Bisognerà imbrigliarle, tenerle un po' a freno e insegnare loro ad amministrare il talento, ma come posso resistere alla tentazione di avere in trasmissione queste tre ragazze? Portiamo un po' di magia a *X Factor*!

Mancano ancora tre gruppi e ho già assegnato quasi tutti i posti per la trasmissione. Ne resta uno solo, a meno che qualche performance eccezionale non mi faccia cambiare idea sui nomi che mi sono segnata finora. Sono curiosa di vedere che cosa mi aspetta. Continuiamo!

Il prossimo gruppo si chiama Sorrows: tre ragazzi, due in maglietta bianca, il terzo con una sgargiante t-shirt a righe rosse e nere, tutti con vistosi tatuaggi sulle braccia. Si presentano e intonano la loro canzone, *Mr. Brightside* dei Killers: l'esecuzione non è perfetta, c'è qualche imprecisione e trovo che i giovanotti abbiano ancora qualche problema nell'armonizzazione delle voci. Certo, se avessero avuto gli strumenti e fosse stato consentito suonare questi difetti sarebbero stati appena percepibili, ma con un'esibizione a cappella saltano all'orecchio immediatamente. Per la trasmissione ancora non sono pronti.

È il momento del settimo gruppo in scaletta, le Onde Road, quattro ragazze che sono state attentissime a coordinare il look dell'intera formazione: vestite in nero, ciascuna con un top di un colore diverso. Cantano *Left Outside Alone* di Anastacia, brano che consente di sottolineare le loro capacità di interpreti adatte in particolare a canzoni del repertorio black. Sono certamente dotate, ma mi sembra che non ci sia ancora un forte amalgama fra di loro: non stanno insieme da moltissimo, e questo spiega tutto. Per ora sospendo il giudizio: prima di decidere chi sarà il quarto selezionato voglio ascoltare anche l'ultimo gruppo.

Gli ultimi della serie sono i Luana Biz: due riccetti con gli occhi azzurri, un giovanotto con la testa piena di treccine rasta e un altro ragazzo più bassino, l'unico con i capelli tagliati corti corti. Non c'è dubbio, come immagine ci siamo. Sono tutti decisamente carini e, inutile negarlo, per un talent show televisivo l'immagine ha comunque un certo peso. Resta da vedere come se la cavano quando presentano *Prima di andare via* di Neffa. Anche nel loro caso, come per le Yavanna, l'eccessivo ricorso a virtuosismi e ad acrobazie tecniche tende a diminuire l'impatto emotivo e comunicativo del pezzo. Tuttavia, anche sulla base di una meravigliosa esibizione in inglese durante la fase precedente delle selezioni, finisco per decidere che il quarto posto sul treno per la terza edizione di *X Factor* spetterà a loro.

E così la mia squadra è fatta: da capitana dei gruppi, quest'anno gli artisti per cui mi dovrò battere saranno gli Horrible Porno Stuntmen, A&K, le Yavanna e i Luana Biz. Vediamo cosa succede: sono sicura che abbiamo tutti ottime chance.

Indice

Finito di stampare nel mese di settembre 2009
presso il Nuovo Istituto Italiano d'Arti Grafiche - Bergamo

Printed in Italy

Rizzoli best